ナシ(納西)族宗教経典
音声言語の研究

－口頭伝承としての
「トンバ(東巴)経典」－

黒澤 直道 著

雄山閣

はじめに ― 出版にあたって

　筆者が雲南でナシ語の学習を始めてから、およそ10年が経った。1996年の夏、初めて麗江の街に入った日にホテルの窓から見えたのは、雨季特有の巨大な積乱雲が、高原の強い日差しを浴びながら、もくもくと天にのぼっている光景だった。それが今でも鮮明に思い出されるのは、何から手をつければよいのかすら分からなかったその時の不安と重なるからかも知れない。本書は、筆者がこの夏の日から現地で始めた、ナシ族の言語と文化に関する手探りの勉強の、10年間のかろうじてのまとめである。

　筆者が学習を始めた時点では、ナシ語は個人的にナシ族を探して学ぶほかなく、十分な教材もなく、教える方も学ぶ方も全く手探りでのスタートであった。それでも何とか勉強を続けられたのは、ある民族を理解するのに、その言語を理解せずしては何も始まらないという母校で受けた教えと、多くのナシ族の方々の温かい手助けがあったからである。もちろん、一つの民族の言語と文化の総体というものは、10年などという限られた時間の中では、十分に理解できるものでないことも明らかである。筆者がこの10年で知り得たものは、ナシ族の言語と文化のほんの一部分に過ぎない。従って今後も、そしておそらく一生をかけてのことになるであろうが、この勉強を続けていかなければならないと考えている。

　近年では、世界遺産の街を育んだ民族として、ナシ族が日本で紹介されることも増えてきた。しかし、日本での紹介はいまだに表面的なものが多く、その文化に対する十分な理解には達していないのが実情である。本書の出版が、日本とナシ族の間の、そして日本と中国少数民族の間の、より深い文化の相互理解と交流に、少しでも寄与することができれば、筆者としてこれほど光栄なことはない。

　ちなみに、本書の出版に先立ち、本書にも収めたナシ語テクストに解説を付したものを、『ツォゼルグの物語―トンバが語る雲南ナシ族の洪水神話』（雄山閣）として出版した。あわせて参照いただければ幸いである。

2007年 2 月　著者しるす

［目　次］

序章　本研究の目的と方法 ……………………………………………………… 1
　0.1.　本研究の目的とその背景 ………………………………………………… 1
　0.2.　本研究の方法 ……………………………………………………………… 2

第1章　ナシ（納西）族の文化・言語・宗教 ………………………………… 5
　1.1.　ナシ（納西）族の文化と言語の概要 …………………………………… 5
　1.2.　ナシ族の宗教と宗教経典、伝統的な文字 ……………………………… 12
　1.3.　困難なナシ族宗教経典の年代確定 ……………………………………… 16
　1.4.　トンバ教の現状と観光物産化 …………………………………………… 18

第2章　ナシ族宗教経典の研究史とその問題 ………………………………… 25
　2.1.　ナシ族宗教経典研究史の概略 …………………………………………… 25
　2.2.　欧米の「ナシ学"Nakhilogy"」と
　　　　中国の「トンバ（東巴）文化学」 ……………………………………… 31
　2.3.　宗教経典研究偏重の弊害 ………………………………………………… 33

第3章　ナシ族宗教経典の音声言語 …………………………………………… 37
　3.1.　先行研究における経典の言語に対する認識 …………………………… 37
　3.2.　ナシ族宗教経典をめぐる言語状況の概略 ……………………………… 39
　3.3.　比較するテクストの詳細 ………………………………………………… 40
　3.4.　「句」の音節数の固定傾向 ……………………………………………… 47
　3.5.　音節数を揃えるための技法 ……………………………………………… 54
　3.6.　繰り返しの傾向（1）─対比される人物における繰り返し ………… 56
　3.7.　繰り返しの傾向（2）─アドバイスとその実行における繰り返し … 62

第4章　経典朗誦体に見られる諸特徴 ………………………………………… 71
　4.1.　特有の語彙 ………………………………………………………………… 71
　4.2.　文法的変形 ………………………………………………………………… 77
　4.3.　修辞的技法（1）─頭韻の技法 ………………………………………… 81
　4.4.　修辞的技法（2）─「ツェジュ」の技法 ……………………………… 83

4.5. 曖昧性と難解性（1）——比喩的な語彙 ································· 85
 4.6. 曖昧性と難解性（2）——主語の入れ替わり ······················· 91

第5章　ナシ族の民謡との関係 ·· 97
 5.1. ナシ族の民謡とそのテクスト ·· 97
 5.2. ナシ族の民謡と経典朗誦体の関係 ·· 99

第6章　結論　ナシ族宗教経典音声言語の性質 ···························· 105
 6.1. 経典朗誦体の性質 ·· 105
 6.2. ナシ族口頭伝承としてのナシ族宗教経典音声言語 ············· 105

《資料編》 ·· 109

1. ナシ語の表記法 ·· 111
 1.1. ナシ語の表記法とその現状 ·· 111
 1.2. 本稿でのナシ語の表記法 ·· 114

2. ナシ語文法の概要 ··· 117
 2.1. ナシの文法に関する先行研究 ··· 117
 2.2. 品詞の分類 ·· 117
 2.3. 文の成分と語順 ··· 118
 2.4. 主な品詞の性質と下位分類 ··· 119
 2.5. 文法的要素の記号一覧 ·· 120

3. 表記法の変換に関する対応表 ·· 129

4. 口語によるナシ語テクスト資料 ·· 135

5. 参考文献目録 ··· 197

あとがき ··· 215

序 章　本研究の目的と方法

0.1.　本研究の目的とその背景

　中国西南部、雲南省と四川省の一部の地域に居住するナシ(納西)族は、「トンバ(東巴)教」と呼ばれる独特の宗教を持つことで知られてきた。「トンバ教」は、チベットの影響を受けて成立したとされるナシ族独自の宗教であり、その儀礼においては、「トンバ」と呼ばれる宗教的祭司によって、独特の文字で書かれた「トンバ(東巴)経典」が朗誦される。

　ナシ族の「トンバ(東巴)経典」は19世紀後半から中国内外の研究者によって注目されてきた。特にその文字である「トンバ文字」は、その一見して目を引く独特の外見から、「生きている絵文字」や「生きている象形文字」などと呼ばれ[1]、ナシ族独自の特殊な文化として脚光を浴びてきた。トンバ文字に関する研究は、ナシ族に関するこれまでの研究において、ほぼその中心的課題として位置してきたと言える。

　しかしその反面、これまでのナシ族の宗教経典に関する研究は、トンバ文字の特殊な「象形文字」としての側面に目を奪われ、決して総合的に行われてきたとは言い難い。これはナシ族宗教経典の研究史を見ても明らかである。これまでのナシ族の宗教経典の研究において、特に欠落してきたものを挙げるとすれば、それはナシ語の音声言語に対する視点であり、ナシ語の音声言語から見た宗教経典の研究である。特殊な宗教経典であるトンバ経典といえども、それがナシ族のトンバによって音読される以上、実際にナシ族によって話されている口語のナシ語を基礎とした音声言語から完全に切り離すことは不可能である。そればかりか、以下に本書で検討するように、ナシ語の音声言語という視点に立つことにより、ナシ族の宗教経典は、口語で語られる神話や民話などの

---

[1] Rock 1937b, p.1; 西田1966; 2001a; 山田1977など。

口頭伝承や民謡を含めた、広範なナシ族の口頭伝承世界と深い関連を持つことが明らかとなる。

　そこで本書は、これまでは特殊な文字の使用によって注目されることが多かったナシ族の宗教経典に対して、ナシ族によって実際に話されている口語を基礎とした、ナシ語の音声言語という視点から分析を加え、その特徴を明らかにすることを目的とする。

0.2. 本研究の方法

　これまで、中国国外で行われてきた少数民族の口頭伝承の研究は、少数民族の言語そのものにまで遡って行われてきたものは少ないのが実情であった。この背景には、外国人による研究の場合、様々な時代的制約や中国国内での現地調査遂行上の制限もその大きな要因となってきたが、それ以上に大きな障壁となってきたものは、この地域の多くの少数民族が、それぞれ固有の少数民族語によって口頭伝承を保持してきたという事実である。

　中国西南部の雲南省には、合計二十五の少数民族が居住し、漢化の程度の差こそあれ、その多くが固有の言語を持ち、ごく最近までそれぞれ固有の言語で語られる口頭伝承を保持してきた。中国少数民族の口頭伝承を研究しようとする外国人研究者にとって、これらの民族の固有の言語の習得は、言語伝承をその対象とする以上、本来ならば必要不可欠な作業であるにもかかわらず、そのために必要な少数民族地域での長期滞在という条件が整いにくいことや、また、たとえ少数民族の言語をある程度まで習得できたとしても、外国人研究者による現地調査に対する中国側からの制限により、それを活用した調査を自由に行いにくいという問題もあった。

　しかし、近年に至って、中国国内の状況には様々な変化が生じている。少数民族の居住地において少数民族の言語を学習することは次第に可能となりつつあり、たとえ外国人研究者であっても、まず少数民族の言語そのものをある程度まで理解した上で、自身でフィールドワークを行い、その民族の口頭伝承に触れることができるようになってきた。これには長期間の現地滞在が留学生の身分などですでに可能となっていることや、雲南省の場合、1997年の対外未開放地区の廃止に伴い、かなり奥地の村落であっても、観光の名目でごく簡単に滞在することができるようになったという背景がある。このような変化により、これまで主として漢語に翻訳された資料を通して行われてきた中国少数民族の

口頭伝承の研究には、新たな探求の可能性が生まれている。

　本書は、このような方法上の可能性を踏まえ、雲南省西北部と四川省西南部に居住するナシ（納西）族の口頭伝承を対象として、筆者自身のフィールドワークによって得られた言語資料と、ナシ族の宗教経典に見られる既存のナシ語の文献資料とを相互に対照させる方法により、ナシ族の宗教経典の言語的な側面に対する検討を行う。上述したように、これまでナシ族の宗教経典は主にその特殊な文字によって着目されることが多く、その音声言語については十分な検討がなされてこなかった。そこで本書では、ナシ族の宗教経典の音声言語の側面に着目し、筆者の採集したナシ語の口語資料などを用いて、宗教経典の音声言語と口語や民謡などの言語資料との比較を行う。この方法により、これまで文字ばかりに焦点があたり十分に着目されてこなかった、ナシ族の宗教経典における音声言語の性質を明らかにする。

　以下、本書の第1章では、中国西南部の少数民族であるナシ族の文化と言語について概説した上で、その独特の宗教と宗教経典について述べ、同時に本書の論述を進める上で必要な基本的な用語の定義を行う。第2章では、これまでのナシ族宗教経典の研究史をたどり、その中で不足してきたものがナシ語の音声言語に対する検討であることを明らかにする。第3章では、ナシ語の口語との比較を通し、ナシ族宗教経典の音声言語の基本的な性質を明らかにする。第4章では、第3章で明らかになった性質を基礎とした、ナシ族宗教経典の文体に見られるいくつかの特徴について述べる。第5章では、比較のもう一つの方法として、ナシ族の民謡とナシ族宗教経典の音声言語の関係を検討する。最後の第6章では、第3章から第5章までの検討結果を総合した結論を述べる。

　以下の本書における記述では、漢語、英語、ナシ語などの原文を示す場合には、"　"を付して示すこととした。また、少数民族語がもとになっていると考えられる、民族名や一部の特殊な名称については、基本的にはカタカナで記し、（　）内に漢語での表記を記すことにした。ただし、頻出する場合には漢語の表記を省略した。

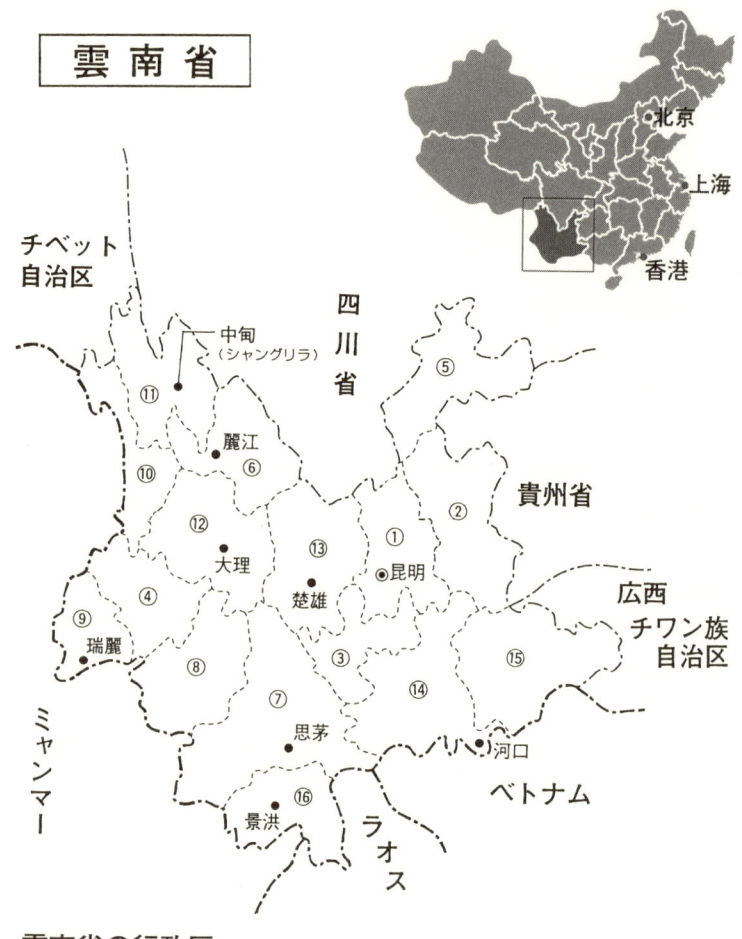

雲南省の行政区

①昆明市　②曲靖市　③玉渓市　④保山市　⑤昭通市　⑥麗江市
⑦思茅市　⑧臨滄市　⑨徳宏タイ族ジンポー族自治州　⑩怒江リス族自治州　⑪迪慶チベット族自治州　⑫大理ペー族自治州　⑬楚雄イ族自治州　⑭紅河ハニ族イ族自治州　⑮文山チワン族ミャオ族自治州
⑯西双版納タイ族自治州

第 1 章　ナシ(納西)族の文化・言語・宗教

　本章では、はじめに中国西南部に居住する少数民族であるナシ族の文化と言語について概説した上で、その独特の宗教であるトンバ教と宗教経典について述べる。さらに、これらに関連する問題として、宗教経典の年代確定の問題とトンバ教の現状について述べる。

1.1.　ナシ(納西)族の文化と言語の概要

　ナシ(納西)族は、中国雲南省の西北部と四川省の一部の地域に居住する、人口約31万人の少数民族である[2]。現在の行政区画の上でのナシ族の分布地域は、雲南省西北部の海抜2400m前後の高原に位置する麗江ナシ(納西)族自治県がその中心であるが[3]、周囲の寧蒗イ(彝)族自治県、迪慶チベット(藏)族自治州内の中甸県[4]や、維西リス(傈僳)族自治県などにも分布しており、さらに四川省の塩源県や木里チベット(藏)族自治県などにも少数のナシ族が分布する。歴史的には、多くの学者によって、ナシ族の源流は北方の遊牧民であった古代羌族に遡るという考え方がとられてきたが[5]、日本の諏訪哲郎氏はナシ族の神話の内容的な検討や、ナシ語の比較言語学的な検討から、土着の農耕民の存在の重要性を指摘した[6]。近年では、ナシ族の多元的な形成過程を認める見方が提出

---

[2] 2000年の時点で、308,839人とされる(中華人民共和国国家統計局 2002, p.97)。
[3] 2003年6月から、麗江ナシ族自治県、寧蒗イ族自治県、永生県、華坪県の4県を包括する行政単位である麗江地区は、市制に移行し「麗江市」となった。それに伴い、それまでの麗江ナシ族自治県は「玉龍県」となり、麗江ナシ族自治県の中心地である大研鎮は「古城区」と改称された。しかし、本書では先行研究におけるナシ語の方言名称などとの関連を重視し、あえて旧称を用いて記述する。
[4] 中甸県も2002年5月に「シャングリラ(香格里拉)県」と改称された。
[5] Rock 1963a, pp.18-20; 方国瑜・和志武 1992, p.9; 納西族簡誌編写組 1984, p.2など。

されている[7]。

　ナシ族はいくつかの支系に分かれているが、その中でも麗江県を中心として分布する集団と、寧蒗イ（彝）族自治県永寧郷を中心に分布する集団とでは、大きな文化的差異が認められる。これについては、両者を広義の「ナシ族」として一括する中国の民族識別の立場に従って、前者を「麗江ナシ族」とし、後者を「永寧ナシ族」とする方法も行われるが、後者を広義の「ナシ族」に含める考え方には、その集団自身による主張も含めて異論が多い。そのため、ごく最近の研究においては、前者を「ナシ」あるいは「ナシ人」、後者を「モソ」あるいは「モソ人」と呼ぶことが一般的となりつつある[8]。以下、本書ではこのような最近の傾向を踏まえ、単に「ナシ族」と呼ぶ場合には、現在の中国での民族分類である広義の「ナシ族」ではなく、麗江県を中心として分布する「ナシ」のみを指すこととする。

　現在のナシ族は、麗江県の中心地である大研鎮などの市街地で第二次・第三次産業に従事する人々もいるが、大部分の人口は、標高などの自然条件による違いは見られるものの、麗江県内に広がる平地（"壩子"）やその周辺の山間部で、主としてトウモロコシ、小麦、水稲、大麦などの穀類や、ジャガイモなどの根菜類、および各種の野菜類などの栽培を営み[9]、副業として豚や馬などの飼育を行う農耕民である。

　社会構造の点では、モソの社会が「阿注婚姻」と呼ばれる分処居住の訪妻婚と母系制のために非常に注目され、多くの研究がなされている一方で[10]、麗江のナシ族の社会については、漢族とあまり変わらない社会構造を有していることから、さほど大きくとりあげられてはこなかった。ドイツのプルンナーは、

6　諏訪 1988, pp.216-218; pp.255-256。また、近年では郭大烈 1999（日本語文献）, p.19でも、これに類似した見方が述べられている。

7　郭大烈・和志武 1994, pp.50-51。

8　例えばMcKhann 1995, p.49や、Oppitz and Hsu 1998における"Naxi"と"Moso"の用例。

9　麗江県内の農産物については、麗江納西族自治県誌編纂委員会 2001, pp.270-286に概説されている。

10　レシェトフ1965（日本語文献）；李霖燦 1984g；詹承緒・王承権・李近春・劉龍初 1980；厳汝嫻・宋兆麟 1983；Weng 1993 など多数の研究があるほか、近年ではCai Hua 2001などの重要な研究がある。

ナシ族の象形文字などを検討し、ナシ族の社会は常に父系制であったと考えた[11]。これに対し、ナシ族の宗教を研究するイギリスのジャクソンは、ナシ族の親族名称を検討した結果、1723年、土司を廃して中央から官僚を派遣する「改土帰流」が行われる以前には、麗江のナシ族の間では母系制が行われていたと主張したが[12]、これには批判も行われており、過去のナシ族の社会構造に対する明確な回答は、未だに得られていない[13]。

1983年以降、この地域で長期のフィールドワークを行ったアメリカの文化人類学者マクハーンは、現在のナシ族の社会に対する観察を通して、「伝統的なナシの社会は、「骨"Coq-o"」と呼ばれる外婚単位である父系出自集団を基礎として組織され、土地、家畜、家屋などの財産は、その中で男性によって管理・相続される。父方交差イトコ婚が、…(中略)…ナシ社会での理想的な婚姻の形態であると考えられ、まれな例外もあるが、婚姻後の居住形式は夫方居住である。」と述べている[14]。

ナシ族の話すナシ語は、系統的には、シナ・チベット語族のチベット・ビルマ語派における、イ(彝)語に近いグループに含められている[15]。ナシ語は、東西二つの方言区に分けられ、東部方言は上述の「モソ」によって話される方言であり、西部方言は上述の「ナシ」によって話される方言である。

この二つの方言は、さらにいくつかの下位方言("土語")に区分される。東部方言の下位方言には、永寧方言、瓜別方言、北渠壩方言の三つがあり、西部方言の下位方言には、大研鎮方言、麗江壩方言、宝山州方言の三つがある[16]。西部方言に含まれる下位方言のうち、大研鎮方言は、麗江県の中心である大研鎮とその近郊の農村部で話されている方言であり、麗江壩方言は、大研鎮方言の話されている地域を取り囲む麗江県内の大部分の農村部や、中甸県、維西県、

---

[11] Prunner 1969.
[12] Jackson 1971, pp.52-70; 1979, pp.28-46.
[13] これについては、斎藤 1986bにまとめられている。
[14] McKhann 1995, p.52.
[15] チベット・ビルマ語派内部の下位分類には様々な研究があり、いまだに定説はないが、いずれの場合もナシ語はイ語に近いグループとして分類されている。西田 1989b; ラムゼイ 1990, pp.328-341; 戴慶廈・劉菊黄・傅愛蘭 1989など。
[16] 和即仁・和志武 1988, p.129, 155。

ナシ族が神山として仰ぐ玉龍雪山

メコン川の上流・瀾滄江（維西リス族自治県燕門郷にて筆者撮影）

チベット・ラサ行きの飛行機から見える雲南最高峰・梅里雪山（筆者撮影）

ヤクと牛の交配種・犏牛（筆者撮影）

第1章　ナシ(納西)族の文化・言語・宗教　　9

囲炉裏と神棚のあるナシ族民家の居間（中甸県三壩郷にて筆者撮影）

観光地化の進む中甸県城（建塘鎮）のオールドタウン（筆者撮影）

ナシ族の機織では麻と「ギュパ」と呼ばれるキク科高山植物の毛が混紡にされる（中甸県三壩郷にて筆者撮影）

小麦を石臼でひくナシ族の婦人（中甸県三壩郷にて筆者撮影）

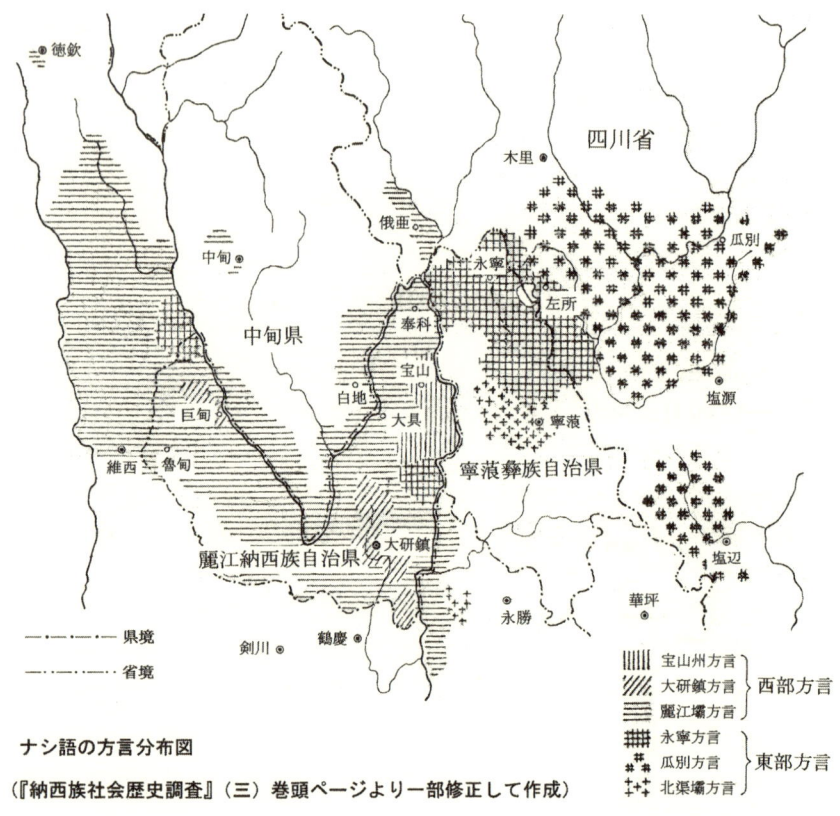

ナシ語の方言分布図
(『納西族社会歴史調査』(三) 巻頭ページより一部修正して作成)

永勝県などを含めた広い地域で話されている、話者人口の最も多い下位方言である。また、宝山州方言は大研鎮の北北東に位置する、現在の宝山郷や鳴音郷一帯で話されている下位方言である。

　これらの方言・下位方言のうち、ナシ語の「標準語」とされているのは、ナシ族居住地域の政治・経済的な中心地である麗江県大研鎮の方言である[17]。しかし、現在の大研鎮においては、生活文化の漢化が進行するのに伴って、漢語の共通語("普通話")や雲南方言("雲南話")からの借用語が急速に増えてきてお

17　和即仁・和志武 1988, p.189。

り、ナシ族の言葉を借りれば、「大研鎮のナシ語は、半分は漢語だ」という。確かに、論理構造の単純な発話ならば、ナシ語の中に取り込まれた漢語の単語の意味をつないでいくだけでも、ナシ語を解さない漢族にもその内容が理解できる場合もある。しかしながら、そのような発話であっても、ナシ語を解する聞き手に対し、ナシ語として発せられたものである場合には、その語順や助詞、代名詞などについて見れば、明らかにナシ語の文法的特徴を保持しており、漢語は依然として借用語の地位にあるものと認められる。

　一方、大研鎮に限らず、ナシ族居住地域で広く観察できるのは、ナシ語と漢語、ペー（白）語、チベット語など周辺言語とのコード・スイッチングである。麗江県でこの状況が典型的に観察できるのは、ナシ族と、漢族やペー（白）族など他の民族の成員が同時に所属する職場や家庭であり、そこに見られるのは、いくつかの言語の混交というよりは、社会的な意味を持った複数の言語の使い分けである。

　上述したように、ナシ語の標準語と決められている大研鎮では、すでにナシ語は漢語の影響を強く受けているが、大研鎮を取り巻く、より多くの人口を擁する広大な農村部では、やはり漢語からの借用語が多く認められるものの、その量は大研鎮ほどではない。また、農村部ではナシ族がその過半数を占める村落が多く、そのような村落では、他の言語とのコード・スイッチングが起こる比率も、大研鎮におけるほどではないと考えられる。ナシ族自身も、このような状況に対して、「農村部のナシ語は純粋であり、大研鎮のような街のナシ語は漢化している」と認識している。

　ナシ語には、ナシ族の宗教と密接に関連した伝統的な文字があり、これについては次節で詳述する。現在のナシ語を記録するための文字としては、1957年に草案が提出され、その後1981年になってから施行された「ナシ族文字方案」（"納西族文字方案"）がある。これは、漢語の表音規則である「ピンインローマ字」（"漢語拼音方案"）に似せた表記法であり、付加記号などは用いず、アルファベットのみを用いてナシ語の子音、母音、声調を表記する方法で、部分的に漢語のピンインローマ字との共通点を持たせたものである。現在まで、「読み書き（"語文"）」や「数学」の小学校用教科書や、農業技術などを解説した実用的書籍、さらに若干の文学的著作が出版されたほか、この表記法のナシ語で書かれた新聞も発行されている。

　この表記法が制定されたのち、一部の農村では普及への試みがなされた。し

かし、文盲をなくして経済的・文化的に発展しようという考えに基づくこの普及運動が行われたのは、漢語が十分に浸透していない山間部や、中心部からかなり離れた地域に限られていたため[18]、実際にはほとんど普及していないのが現状である。

ナシ語の表記法に関しては、実際に用いられた量は少数ながら、これ以外のローマ字式の表記法も実験的に考案されていることから、本書では、この表記法をそれらと区別して、ナシ語の「ピンイン式ローマ字表記法」と呼ぶことにし、本書でのナシ語の表記法として活用することにする。本文中で、ナシ語の発音を示す必要がある場合には、この表記法を用いる。なお、ナシ語の表記法と、基本的な文法の概要などについては、本書の《資料編》に述べた。

1.2. ナシ族の宗教と宗教経典、伝統的な文字

これまでのナシ族に関する先行研究の中で、最も大きな比重が置かれてきたテーマとして挙げられるのは、その宗教文化に対する研究である。ナシ族の宗教は、「トンバ(東巴)教」と呼ばれる宗教であり、「トンバ(東巴)」と呼ばれる宗教的な祭司が、独得の文字によって書かれた宗教経典を用いて各種の儀礼や占い、呪術的治療などを行うことがその特徴とされている。トンバの行う宗教儀礼には、天を祭る「祭天」の儀礼や、葬送儀礼など、多くの種類があるとされている。

トンバ教の起源については、これまでに様々な説があるが、その中でもチベットのボン教との関係が重視されており、ボン教にその起源を求める考え方もある。しかしトンバ教には、土着のシャーマニズムやアニミズム、あるいはチベット仏教、中国仏教、さらには道教などとの関連も認められており[19]、どちらかと言えば、トンバ教は周囲の様々な宗教を取り込んで成立したという見方が妥当であると考えられる[20]。また、イ(彝)族の宗教や宗教経典との類似点も

---

[18] 姜竹儀 1994, pp.48-51。1984年から1988年までの間に5799人がこの学習に参加したとされる。
[19] これについては諏訪 1988, pp.95-103にまとめられている。
[20] 佐野賢治氏は、「受容性に富んだ雑種性・混合性にその特質がある」と指摘する(佐野 1996a, p.101)。

第1章　ナシ(納西)族の文化・言語・宗教　　13

XIAXOF KOLBEI

SHVL XOF

DIL 4 CEIF

YUIQNAIQ MIQCVF CVFBAISHEL

ナシ語の教科書「算数」第四分冊

4.　　　　Xiajuf nee shelmei: "Nge
gge wailaq nvl ddiuqsso
lul (4) ddiuq teiqsherl,
yiqlaq nvl wai laq jerq
chual (6) ddiuq bbeeqbbei
teiqcherl. Yiqlaq chee
dduiqsso sseiddiuq teiqsherl lei?"
5. Meeftai gge tiqchee nvlmei goqnee
zeeq.
　　42+24　　56÷8　　39-9　　80+20
　　71+18　　6×7　　17-8　　30+50
　　50+48　　63÷9　　14-6　　40+60
　　63+30　　7×4　　12-7　　72+20
6. Jjuqchual ggeeggeeq neiq gge xi, seel-
niaiq jif 102 reiq jjuq, wuniaiq jif
seil seelniaiq jif jerq 25 reiq bbeeq,
wuniaiq jif tee jjuqchualxi sseigvl
jjuq?
7. Lijazhuai xiaxof tee, ebbei saiha xof-
sei 76 miq jjuq, cheebbei nvl ebbei
jerq 14 miq bbeeq. Cheebbei saiha
xofsei sseimiq jjuq?
・22・

イラストの少女はナシ族の民族衣装姿

ナシ語の授業風景（麗江県大研鎮にて筆者撮影）

指摘されている[21]。しかし、過去においてトンバ教がどのような宗教であったのかという問題や、麗江の土司であった木氏との関係などについては、歴史資料には記述がほとんどないため、未だにはっきりとは分かっていない。

　一般に、トンバ教の宗教経典は「トンバ経典」と呼ばれており、そこで用いられている独得の「象形文字」が、「トンバ文字」である。しかし、ナシ族の宗教経典には、この他にも、その量はトンバ経典に比べて少ないながら、「ゴバ(哥巴)文字」と呼ばれる音節文字で書かれた「ゴバ経典」や、これらとはかなり異なる体裁を持つ占いに関する経典などもある。「ゴバ経典」は、大研鎮の西北方に位置する魯甸郷を中心とした、ごく限られた地域に分布するとされている。本書では、これらのナシ族の宗教に関わる経典を全て一括した概念として、「ナシ族宗教経典」という呼称を用いることにし、この中でさらに区別する必要がある場合にのみ、「トンバ経典」や「ゴバ経典」などの呼称を用いる。また、文字についても、「トンバ文字」や「ゴバ文字」の他に、一部のナシ族には「ラルコ(阮可)文字」や「マリマサ(瑪麗瑪沙)文字」などと呼ばれる文字があるとされているので[22]、本書では、これらナシ族の文字を全て一括した概念として、「ナシ族宗教文字」という呼称を用い、場合によってそれぞれの個別の文字の名称を用いることにする。

　ナシ族の宗教経典に用いられるトンバ文字は、「生きている絵文字」や、「生きている象形文字」などと呼ばれ[23]、その「象形文字」としての外見が一見して特徴的なだけでなく、一つの文字が音節、形態素、単語、句、節、文、あるいは段落までも表すことができるという言語上の単位との非対応性や、読まれる時の主要な方向は左から右でありながら、時には上から下へ、時には下から上へ、さらには右から左へとランダムに進んでいくという非線状性が、その顕

---

[21] Pan 1998, pp.285-286など。また、ナシ族とイ族を総合的に扱った研究として、佐野賢治編 1999がある。

[22] ラルコ(阮可)文字は、中甸県(現シャングリラ県)東南部の洛吉郷一帯の経典に使われる文字(和志武 1984, pp.306-307; 西田 2001d, p.1110など)。マリマサ(瑪麗瑪沙)文字は、維西リス族自治県の一部地域で使われる文字(和志武 1984, pp.305-306; 西田 2001c, p.946など)。どちらの文字もその使い手は、東部方言地域から移住してきた人々とされている。

[23] Rock 1937b, p.1; 西田 1966; 2001a; 山田 1977など。

著な特徴として指摘されている[24]。そのため、トンバ文字で書かれた経典は、その内容を記憶しているトンバだけが正しく読むことができるとされ、今世紀に入ってから読音が記録された経典の翻訳や注釈などの資料は、基本的には全て経典を前にトンバが口述して記録されたものである。

　ナシ族の宗教と関連する創世神話については、これまでにも度々紹介がなされており、それらは、翻訳されたナシ族宗教経典のテクストや、民間の口頭伝承をもとに記録された資料に依拠している。ナシ族の創世神話の中には、混沌から宇宙が発生するモチーフ、卵から様々なものが生まれる「卵生神話」のモチーフ、死体から様々なものが生まれる「死体化成神話」のモチーフ、ノアの箱舟型の「洪水神話」のモチーフなど、いくつかのタイプの神話が含まれていることが指摘されており[25]、特にナシ族宗教経典のテクストにおいては、これらが重層的に記述されている。これについては、トンバ教の源流とされるボン教の文献に見られる神話的要素との比較や他の地域との様々な文化要素との比較によって、ナシ族の本来の創世神話の後に重なり合った要素を明らかにしようとする研究があり[26]、ボン教の影響という観点からナシ族の創世神話を分析した研究もある[27]。

　また、同じ創世神話でも、ナシ族宗教経典に記載されたテクストと、トンバ教とは関連の薄い一般の民衆の間に口頭で伝承されたテクストでは、その内容に一定の違いが見られる。これについては、宗教経典に記載されたテクストは、民間の口頭伝承をもとにしてトンバが記録したものであるという考え方がなされており[28]、口頭の伝承との比較によって、トンバが後から加えた部分を明らかにしようとする考察がある[29]。

　このような重層的な創世神話の中で、最も大きなウエイトを占めているのは、大洪水を生き延びた唯一の人類であるナシ族の祖先「ツォゼルグ」が、様々な

---

[24] Bockman 1989, p.154; 西田 2001b, p.684。
[25] 斎藤 1986a, pp.102-106。
[26] 諏訪 1988, pp.181-204。
[27] Jackson 1975b。
[28] 雲南省民族民間文学麗江調査隊 1959, p.68; 1960(1978年第二版), pp.96-97。
[29] 雲南省民族民間文学麗江調査隊 1959, p.75。

試練を克服し結婚相手を獲得するまでのいきさつを語る洪水神話のストーリーである。本書で主要な分析の対象とするのも、この洪水神話を核とするナシ族の創世神話である。

1.3. 困難なナシ族宗教経典の年代確定

　ナシ族の宗教経典がいつ頃から書かれてきたのかという問題に対しては、それを証明するに足る十分な確証が無いため、その成立年代を確定することは極めて困難である。これまでの研究において提示された、成立年代の確定における最も確実な手がかりとなり得るものは、それ自体にその書写年代が書かれた経典の存在である。1930年代からナシ族の宗教経典を研究した李霖燦は、1956年にアメリカの国会図書館に所蔵されているナシ族宗教経典を調査し、その結果を論文にまとめている[30]。李霖燦によれば、年代が書かれている経典の数は非常に少なく、アメリカの国会図書館の3038冊の経典のうち、わずかに61冊だけであり、基本的には書写年代が書かれること自体が非常にまれであることが分かる。

　李霖燦の調査では、同図書館の所蔵するナシ族宗教経典の中で、年代が確認できる最も古い経典は、1668年(清・康熙七(戊申)年)のものであるという。李霖燦はその根拠として、その経典にはトンバ文字で「（図）」と書かれており(次ページ写真の一行目右寄り)、これらの文字が左から順に、"ka"(原義は「苦い」)、"shee"(原義は「肉」)の二文字で合わせて「康熙」の発音(Kāng xī)を表し、以下は、"zzeeq"(「座る」)、"teeq"(原義は「飲む」だが、ここでは同音の借用で「その」)、"kvl"(「年」)、"perl"(「書く」)と読めることから、これを「康熙帝が在位の時に書いた」という意味に解釈した。ただこれだけでは、これが康熙何年であるかは分からないが、それらの文字のすぐ下の行に、やはりトンバ文字で「六月二十二日、土牛の日に書いた」と解釈できる文字があることから、6月22日が「己丑(つちのとうし)」の日となる康熙七年がその年であると結論づけた[31]。しかしながら、そこで解釈されているのは以上の部分だけであり、同じページの他の文字が何を表しているのかについては、

---

[30] 李霖燦 1958; 1984e(論文集)。
[31] 李霖燦 1958, pp.146-147; 1984d(論文集), pp.147-149; 1984e(論文集), pp.121-124。

李霖燦が1668年のものと考えた経典（李霖燦 1958, plateIVより）

詳しい説明はなされていない。これについて、ナシ族の宗教を研究するジャクソンは、「もし己丑が年号ならば、それは1709年であろう」と述べている[32]。これは「牛」の文字のすぐ下に、同音による借用で「年 "kvl"」という意味で使われることが多い「鎌 "kv"」の文字が見えるからである。しかし、必ずしもこの解釈が正しいという確証はない。

一方、ナシ族の研究史において最も多くの業績を残したジョゼフ・ロックは、ナシ族の文化を概説した著作の中で、書写された年号と日付がある経典に言及している。この経典は、麗江県白沙村の和国柱の家に所蔵されていたもので、その先祖である明代の三兄弟が書いたものだとロックは考えている。その年号と日付は、「7つ目の癸酉の年（"7th cycle of the water-chicken year"）の、Zü-häの星（二十八宿の15番目の星）の8月14日の亥の日（"the 8th moon and 14th day of the pig at the time of the Zü-hä star"）」であり、これは1573年9月17日（明・万暦元年の8月14日）に相当するという[33]。しかしこれに対し、ジャクソンは異なる年号の解釈を提示し、「7つ目の癸酉の年」とは1752年か1753年のことであると主張した[34]。ロックの言う年号の解釈は、それを所蔵するトンバ自身の解釈である可能性もあり、ロックの記述を無条件に信頼するのでなければ、本当にそれが1573年に書かれた経典なのかどうかは必ずしも確定できな

---

[32] Jackson 1965, p.153
[33] Rock 1963a, p.44.
[34] Jackson 1979, p.53. また、諏訪 1983, p.53にも解説がある。

い。

　近年の研究において、ジャクソンと潘安石(Pan Anshi)は、西欧の図書館に現存するナシ族の宗教経典の表紙などを比較する方法により、ロックの説に疑問を呈しつつ、これらの経典のほとんどが19世紀の後半に書かれたものであることを主張している[35]。もちろんこれだけでは、それ以前の経典の存在自体を完全に否定することにはならないが、もしそうだとすればトンバ経典の歴史はかなり新しいことになる。

　一方、経典に書かれた書写年代以外の手掛かりから、これまでに主な研究者が述べてきたナシ族宗教経典の成立年代に関する議論には様々なものがある[36]。しかし、それらはいずれも確証を欠き、ほとんど推測の域を出ないものが多い。先に述べたように、最も確実な証拠となり得る経典に書かれた書写年代の問題に関しても、一つの記述に複数の解釈が出ているのが現実であり、成立年代の確定が極めて困難であることは明らかである。

1.4. トンバ教の現状と観光物産化

　現在、ナシ族の居住するほとんどの地域では、宗教としてのトンバ教は、ほぼ完全にその機能を失っていると言える。早くから漢化が進行していたと考えられる大研鎮のような都市部に比べ、伝統的な習俗がより多く残っているとされている農村部においても、宗教儀礼を取り仕切ることができるトンバは高齢化し、次々と世を去っている段階にあり、麗江県内に限って見れば、各種の儀礼を特徴とする宗教としてのトンバ教は、ほとんど行われていないのが現状である。

　1983年以降、麗江県やその周辺でフィールドワークを行ったマクハーンによれば、共産党政府に禁止されたことによって、1950年から1986年までの期間に、ナシ族の宗教儀礼である「祭天」の儀礼が行われたことを示す情報は全くないという[37]。マクハーンは、麗江県の中心部から離れた北部の農村では、この期

---

[35] Jackson and Pan 1998, pp.246-247.

[36] これらの議論については、諏訪哲郎氏がその時点までの研究を詳しくまとめている(諏訪 1988, pp.74-95)。

[37] McKhann 1992, p.35.

間にも小規模あるいは秘密裏にそれらの儀礼が行われていた形跡もあるが、一定の規模を持つ「祭天」の儀礼は、この期間は本質的には断絶していたと考えている[38]。

筆者は、1997年から2000年に行った現地調査の期間、大研鎮をとり囲む平野部に位置する白沙郷[39]や太安郷[40]、大研鎮から北上した山間部に位置する大具郷[41]、宝山郷[42]、奉科郷[43]、大研鎮から北西方面に位置する魯甸郷[44]など、麗江県内の農村部を相次いで訪問したが、多くの場合、トンバは高齢のために宗教儀礼などを執り行えないか、それぞれの土地にわずかに残っていたトンバも数年前に亡くなったと聞くことが多かった。現在、トンバ教の「聖地」とされる中甸県三壩郷やその周辺で復活したトンバ教の儀礼が行われているのを除き、ほとんどのナシ族の居住地域では、トンバ教はすでに過去のものとなっている。

このような、現在のほとんどの地域でトンバ教が消滅している原因としては、多くの経典が焼かれた1960年代からの文化大革命による打撃が大きいとされているが、文革後、一部には復活の動きがあるにもかかわらず[45]、それは現実には必ずしも順調には進んでいない。これには、社会主義における宗教弾圧の側面だけでなく、社会的・経済的な変化による伝統文化からの乖離という側面も大きいと考えられる。かつて李霖燦は、麗江滞在中に漾工江[46]のほとりのトンバが行う「祭天」の儀礼を観察したが、漢化の程度が激しく、古い典型的なものが十分に保存されていないことに失望したと述べている[47]。そのため李霖燦は、より伝統的なものを求めて、トンバ教の聖地とされる中甸県の北地(白地)へと赴いている。このような李霖燦の記述からは、すでに1940年代初めの

---

[38] McKhann 1992, p.39.
[39] 大研鎮から道のり約8 km。
[40] 大研鎮から道のり約20数km。
[41] 大研鎮から道のり約90km。
[42] 大研鎮から道のり約80km。
[43] 正確な道のりは不明だが、宝山郷からさらに数十km。
[44] 大研鎮から道のり約140km。
[45] McKhann 1992, pp.39-41.
[46] 現在の名称は漾弓江。大研鎮の北に源を発し、大研鎮を迂回して南南西に流れる。
[47] 李霖燦 1984f, p.219。

時点で、大研鎮以外の麗江県内の農村部においても、トンバの行う祭天儀礼は衰退していたことが窺える。

近年の麗江では、先に述べたような現状を受けて、これまでにも行われてきた宗教経典の記録や翻訳だけでなく、消滅の危機にあるトンバ教自体を次世代へ継承させようという模索が始まっている。1990年代の後半から、麗江県ではいくつかの民間文化の伝習組織が設立され、伝統文化の継承のための運動が活発化してきている。これまでに設立された組織は、2000年までの時点で15ほどあり、そのうちの半数以上が直接あるいは間接にトンバ教の伝承と関連した活動を行っている。1990年代後半に組織されたものには、「麗江東巴文化学校」、「麗江納西文化伝習館」、「五台東巴舞伝習班(五台下束河村)」、「東巴文化伝習班(黄山完全小学)」、「納西文化伝習中心」、「麗江東巴文化伝習院」などがある[48]。これらの組織は、各地の郷・村政府や学校、あるいは博物館のような機関が組織したものもあるが、個人の研究者や活動家が組織したものもある。これらの伝習組織においては、一部では、トンバ経典の暗誦といったかなり高度な内容も行われてはいるが、多くの場合は、基本的なトンバ文字の学習や、より習得の容易なトンバ舞踊などが主となっており、どれほどその内容を高められるかは今後の課題である。

また、麗江県では、2001年に「東巴文化保護条例」という条例が施行された。この条例では、トンバ教に関わる経典、絵画、彫刻、服飾、建造物などの有形の文化財のほか、音楽、舞踏、さらには東巴文化の伝承者と、その知識や技術などの無形の文化財も保護の対象とすることが謳われている。その上で、文化財は麗江東巴文化博物館で一元的に買い上げ、いかなる個人や組織にもその売買や外国人への贈与を禁じている[49]。

以上に見たように、人民政府成立後の政治的方針や文化大革命における宗教弾圧により、トンバ教が衰退を余儀なくされたことはもちろんであるが、少なくとも麗江県内の状況においては、それ以前から衰退の序曲は始まっていたと考えられる。先に挙げた李霖燦の記述から窺えるのは、麗江地域の生活文化の

---

[48] 麗江納西族自治県民族宗教事務局 2000a, p.3。また、ある一つの「伝承学校」計画の具体例として、周凱模 2000がある。
[49] 麗江納西族自治県人民代表大会常務委員会 2001。

第1章　ナシ(納西)族の文化・言語・宗教　　21

祭祀をとり行うトンバ(『納西族与東巴文化』中国民族撮影芸術出版社、1999年より)

経典の復元作業を行う和志本氏(中甸県三壩郷にて筆者撮影)

若い世代のトンバ　和国耀氏(筆者撮影)

漢化による変容であり、このようなトンバ教の衰退を下敷きとして、その後の宗教弾圧が追い討ちをかけたことが推察される。文化大革命の終結後には、一部にはトンバ教復活の動きも見られたが、次第に迫るトンバの高齢化と逝去という避けられない現実により、現在、宗教としてのトンバ教はほぼ消滅の段階に至っている。そして近年は、それに危機感を持ったナシ族自身が、条例を用いた保護や若い世代への組織的な継承を模索している段階にあると言える。

一方、1990年代以降、雲南省では急速な観光開発が推進され、その中でも麗江県では重点的に観光開発の戦略が展開された。雲南省では、1978年に党と政府の決定で政策的に観光業が位置付けられてから観光開発が重視されるようになり、1985年以降は観光地や交通網の整備が本格的に行われた。1994年には、麗江を含む雲南省西北部を重点観光地区として開発する「旅游大省計画」の方針が雲南省政府の会議によって確定され、具体的に実行に移された[50]。1995年には麗江空港が開港し、それまで寝台バスで約16時間から20時間を要していた昆明から麗江までのアクセスが、飛行機で約45分に短縮され、飛躍的に観光客数が増大した。1996年2月3日、麗江はマグニチュード7の地震に襲われ、400名以上の死者を出し、旧市街の一部の家屋も倒壊したが、行政側はこれを好機ととらえ、単なる震災からの復興だけではなく、居住環境や都市景観の改善を行っていったことが指摘されている[51]。そして1997年12月には、すでに1995年前後から準備が進められていた、麗江旧市街のユネスコ世界文化遺産リストへの登録が受け入れられ、これも観光客数の増大に拍車をかけた。昆明で世界園芸博覧会が開かれた1999年には、麗江で10月に「'99中国麗江国際東巴文化芸術祭」が開かれ、さらに多くの観光客が麗江を訪れた。この観光化の流れを数字で見ると、2000年の観光客数は、1991年の約13倍にあたるのべ250万人に達しており、2000年の観光収入総額も、1995年の約9.3倍に当たる15億人民元に達するという伸びを示している[52]。

このような急速な観光開発の中で、麗江観光の目玉の一つとして着目されたのが、ナシ族独自の宗教文化とされる「トンバ文化」であった。麗江を訪れる

---

[50] この経過は、山村 2002, pp.106-107; pp.118-119にまとめられている。
[51] 山村 2002, p.150。
[52] 山村 2002, p.115(図3-6)。

第1章　ナシ(納西)族の文化・言語・宗教　　23

　観光客に向けたガイドブックにおいて、麗江の観光商品のラインナップとして宣伝されているのは、頂上が海抜5000メートルを超える玉龍雪山などの自然景観と、世界文化遺産に登録されており、800年の歴史を持つと言われる麗江旧市街の町並み、そして無形の文化財である「トンバ文化」である。麗江の主要な観光ルートの中で、旧市街と「トンバ文化」はセットにされて扱われることもあり[53]、また、あるガイドブックでは、麗江旧市街の景観の紹介のあとに、「ナシ族トンバ文化ルート」として東巴文化研究所や東巴文化博物館などが大きくとりあげられている[54]。

　しかし実際のところ、「トンバ文化」として観光客が触れるのは、ほとんどの場合、宗教的祭司である実際のトンバやその執り行う宗教儀礼ではなく、街の中にあるいくつかの舞台やホテルのステージで演じられる公演としてのトンバの踊りや、民謡と「ナシ古楽」の演奏などであり[55]、それ以外には土産物として生産されているトンバ文字のついた各種の製品がある程度である。これは明らかに本来の宗教としてのトンバ教からは、もはや大きくかけ離れたものである。しかし、麗江のナシ族は、特に近年では自民族の特徴ある文化としての「トンバ文化」をかなり積極的にアピールしており、観光客に提供されるその実体が曖昧であるにもかかわらず、1990年代後半の麗江県では、まさに「トンバ文化ブーム」とでも言える状況が出現している。

　このような状況の中で、麗江で見られるトンバ文字を使った土産物の主な品目としては、1．トンバ文字による書道作品や対聯、印鑑(篆刻)など(次ページ写真左)[56]、2．トンバ文字をデザインしたTシャツや壁掛け、敷物など衣類や布製品(次ページ写真右)、3．木製の皿などにトンバ文字をデザインして

---

[53] 雲南省麗江地区行政公署・雲南省麗江地区地方誌辦公室 1997, p.297における"古城東巴文化之旅"など。
[54] 和勇 1998, pp.31-35。
[55] 「ナシ古楽("納西古楽")」は、明代以降に中原の漢族から伝わったとされる伝統音楽。一部の楽器に独得の特徴が見られる他は、形態は漢族の古典的な合奏音楽と類似している。最近は、ナシ族独自の民謡なども含めて、「ナシ古楽」の名前で一括して舞台で演奏されることが多い。本来、「ナシ古楽」とトンバ教の関係はないと思われるが、観光商品としては両者がセットにされていることがよく見られる。なお、「ナシ古楽」を中心とした現代のナシ族音楽について扱った研究として、Rees 2000がある。

トンバ文字による印鑑
（1998年8月、筆者購入）

トンバ文字をデザインしたシャツ
（1996年8月、筆者の友人から寄贈）

彫刻した工芸品など[57]、4．トンバ文字入りの出版物、絵葉書、しおり、などがある。全体の品目としてはさほど多くはないものの、このうちのいくつかはかなりの流行を見ることになり、結果として、旧市街の土産物店には大量のトンバ文字があふれ、現在、麗江ではトンバ文字の観光物産化とも言える現象が起こっている。

　このような使われ方をしているトンバ文字は、もはやナシ族の伝統的な宗教との関係を失っていることは明らかであり、場合によってはナシ族そのものとも関わりを持たない、いわば「意匠」としてのトンバ文字であるととらえることができる。麗江の観光化におけるトンバ文字をめぐる動きは、このような「意匠」としてのトンバ文字へと向かう動きであり、皮肉なことに、ナシ族自身の感情とは裏腹に、宗教としてのトンバ教がほとんど消滅している現在においては、これがトンバ文字の唯一の有力な「機能」であると言える。

---

[56] 本来、ナシ族の宗教文字は竹を削ったペンで書くものであり、毛筆によって書くことはほとんどなかったと思われる。近年のトンバ文字による書道作品を集めた書籍では、毛筆によるトンバ文字の作品が文物の市場に入ったのは、1980年代以降のことであると述べられている（周家模 1999、［書法字譜］のページ）。また、トンバ文字による対聯については、東巴文化研究所所長の説明として、1984年以降に麗江を訪れた一部の日本人に同研究所の研究者がトンバ文字で書いた対聯を売ったことが、近年に見る発展のきっかけになったという話が記述されている（余徳泉 2002, p.788）。

[57] 木製の皿を使った工芸品については、その発端から発展の経過が山村2002, pp.213-214に紹介されている。

第2章　ナシ族宗教経典の研究史とその問題

　本章では、ナシ族に関する先行研究の中で、これまでその中心として位置してきた宗教経典研究の歴史と、それをめぐる一連の動きについて概説し、そこに存在する問題点として、ナシ族宗教経典の音声言語に対する研究が不足していることを指摘する。

2.1.　ナシ族宗教経典研究史の概略[58]

　ナシ族の宗教経典を外の世界に伝えたのは、19世紀後半の宣教師や探検家であった。チベットと中国の境界地域で布教活動を行っていたフランスの宣教師、デゴダン(Desgodins)は、1867年に初めてナシ族宗教経典の写しをフランスに送った。1880年頃には、オランダのスハルテン(E. Scharten)もナシ族の宗教経典をオランダに送っている。またこの時期、イギリスのジル大尉(William Gill)は、中国とチベットの境界地域でナシ族の宗教経典を手に入れ、大英博物館に送っている。1885年、フランスの中国学者、ラクペリ(Terrien de Lacouperie)は、1885年に発表した論文の中でデゴダンやジル大尉のもたらしたナシ族の宗教経典を紹介した[59]。その後も、いくつかの記述や著作があるが、20世紀に入ってからの重要な著作としては、フランスのバコー(J. Bacot)の *Les Mo-so* がある[60]。この著作の中では、ナシ族の宗教文字やナシ語の単語、文法などの概

---

[58] ナシ族宗教経典の研究史については、Jackson 1965, pp.141-146; 1989, pp.135-141、諏訪 1988, pp.68-74においてもそれまでの研究史がまとめられているほか、Rock 1963b, p.xxixにも、ロック以前の経典発見の経緯が述べられている。本書ではこれらを参照した上で、筆者なりの観点を加えて概説し、さらに1990年代以降の情報も付け加えた。ただし瑣末にわたる部分は省略したことを予め断っておく。

[59] Lacouperie 1885, pp.459-467.

[60] Bacot 1913.

略が記述され、さらに一部のナシ族宗教経典の翻訳も公にされた。

その後、ナシ族の研究史において、最も重要な研究者として登場するのは、オーストリア生まれで後にアメリカに移住した学者、ジョゼフ・ロック(J. F. Rock)である。当初、植物学者として雲南を訪れたロックは、1922年から1949年まで、長期間にわたって中国西南部を中心とした地域を探検・調査しながら、8000冊を超えると言われるナシ族宗教経典を収集し[61]、それらについて多くの翻訳や研究を残した。これらのロックの著作は、その内容から見ると、おおよそ、1. *National Geographic Society Magazine* に掲載された探検・調査報告[62]、2. 1930年代から始まる経典の翻訳・注釈や宗教儀礼の研究[63]、3. その集積としての宗教文字辞典やその他の総合的な著作[64]、の三つに大別できる。ロックは、1949年に麗江を離れてからも、1962年に死去するまでナシ族に関する研究を続け、いくつかの著作は彼の死後に出版を見た。

一方、1930年から1949年までの時期には、中国人による研究が見られるようになる。ナシ族で歴史学者の方国瑜は、後の1981年に『納西象形文字譜』として出版されることになる宗教文字の字典の原著を著している[65]。また、もともと杭州で絵画を学んでいた李霖燦は、雲南でナシ族宗教経典とその文字に出会い、ナシ族のインフォーマントの助力を得て、自身で収集した経典の翻訳や研究を行い、宗教文字の辞典も作成した。彼の著作の大部分は戦後に移り住んだ台湾で出版されている[66]。またこの時期には、言語学者の聞宥がナシ族宗教文字の基礎的な研究を行っているほか[67]、同じく言語学者の傅懋勣も、『麗江麽些象形文'古事記'研究』と題する宗教経典の翻訳・注釈を著している[68]。

---

[61] Rock and Janert 1965, p.XI.
[62] Rock 1924; 1930など。
[63] Rock 1935; 1936a; 1936b; 1937a; 1937b; 1937c; 1938; 1939; 1948; 1952; 1955a; 1955b; 1959.
[64] Rock 1947; 1963a; 1963b; 1972.
[65] 方国瑜・和志武 1981。また、董作賓 1940はその書評である。
[66] 李霖燦 1944; 1945; 1976; 1972(リプリント版); 1984a; 李霖燦・張琨・和才 1978など。近年、大陸ではその字典が字形などを整理された上で再版された(李霖燦 2001)。
[67] 聞宥 1940; 1947。
[68] 傅懋勣 1948。また、後に発表された傅懋勣 1981; 1984a; 1993a; 1993b; 1993c; 1993dも、この時期に調査されたものと見られる。

第2章　ナシ族宗教経典の研究史とその問題　　27

トンバ経典を唱える老トンバたち（『納西族与東巴文化』中国民族撮影芸術出版社、1999年より）

方国瑜著『納西象形文字譜』

李霖燦著『麼些象形文字標音文字字典』

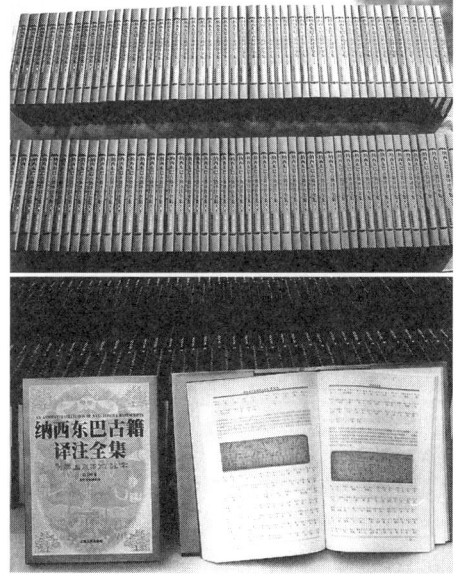

『納西東巴古籍訳注全集』

1949年以降の中国大陸では、1954年に成立した麗江県文化館で、博識なトンバを招いてナシ族宗教経典の翻訳作業が行われ、1963年から1964年にはそのうち22冊が石版印刷されている[69]。しかし、その後まもなく訪れる文化大革命の時期には、多くのナシ族宗教経典が焼かれたと言われ、研究は完全に停止する。1976年に文革が収束してのち、研究は再開され、1981年には麗江に雲南省社会科学院の下部組織として「東巴文化研究室」が開設された[70]。ここでも農村部から博識なトンバを招聘して経典の翻訳作業が行われ、その成果は少しずつ公にされていった[71]。同研究室は1991年には研究所に昇格し[72]、その成果は、1999～2000年に出版された全100巻にのぼる『納西東巴古籍訳注全集』として結実することになる[73]。

　また、1980年代以降は、ナシ族宗教経典とその文字をめぐって、中国大陸の学者による様々な方面からの研究が増え、それらは『東巴文化論集』や『東巴文化論』などの論文集にまとめられた[74]。他にもまとまったものとしては、1991年から雲南人民出版社によって出版されている「東巴文化叢書」が計11冊を数えるほか[75]、単独で出版された著作や論文に至っては、枚挙にいとまがないほどである。

　さらに、1980年代以降の中国でのナシ族研究の盛り上がりは、地道な宗教経典研究だけにとどまらず、1986年には昆明で「納西文化学会」が成立し、学術的な活動だけでなく、展覧会や各種の社会活動などを展開していった[76]。また麗江では、1993年に「麗江納西東巴文化博物館」が設立され、博物館としてナシ族の宗教文化を一般へ紹介する一方、『東巴文化報』という不定期の新聞を

---

[69] 郭大烈・楊世光 1985, p.488と、佐野 1999; pp.585-586には、その目録がある。
[70] 雲南省麗江地区行政公署・雲南省麗江地区地方誌辦公室 1997, p.415; Jackson 1989, p.140.
[71] 雲南省少数民族古籍整理出版規劃辦公室 1986; 1987; 1989など。
[72] 卜金栄 1999, p.237。
[73] 雲南省社会科学院東巴文化研究所 1999-2000。この資料の批評と紹介として、黒澤 2003がある。
[74] 郭大烈・楊世光 1985; 1991。
[75] 李国文 1991; 戈阿干 1992; 和志武 1992; 李国文 1993; 白庚勝・楊福泉 1993; 和志武 1994; 楊福泉 1995; 戈阿干 1999; 白庚勝 1998; 楊正文 1999; 陳烈 2000。
[76] 卜金栄 1999, p.239。

第2章　ナシ族宗教経典の研究史とその問題　　29

発行している[77]。同博物館は、1997年12月に実現した麗江旧市街のユネスコ世界文化遺産の登録においても、1995年頃から本格化していった登録申請の動きの中で重要な役割を果たしている[78]。また、昆明で世界園芸博覧会が開かれた1999年には、10月に麗江で「'99中国麗江国際東巴文化芸術祭("中国麗江国際東巴文化芸術節")」が開かれ、その中で学術討論会も開催された[79]。その成果をまとめた論文集も2002年に入ってから出版を見るに至っている[80]。またこの時、海外留学経験を持つ若手研究者の活動によって、「国際納西学学会」が設立されている[81]。

一方、ロック亡き後の欧米では、ドイツのケルン大学でサンスクリット古典学を専門とするヤネルト(K. L. Janert)が、その後を引継ぎ、ロックの収集した宗教経典の資料的な公刊を継続したが[82]、ロックの死後に単独で出版したもののほとんどには、翻訳や解説は付されていない。またヤネルトは、1983年から1988年までの間、中国からナシ族出身学者の楊福泉氏をドイツに二度招聘するなどして、ナシ語のインフォーマントを一定期間手元に置く方法を用い、ナシ族宗教経典の解明につながるナシ語の研究を行おうとした。この方法による成果として、独自の表記法によるナシ語の口語で書かれた民話テクスト集の公刊を見たが[83]、1994年にヤネルトは死去し、その続編は未刊のままである。

また、1960年代からナシ族の宗教に関する研究を開始したイギリスのジャクソン(Anthony Jackson)は、主にロックの残した基礎的な資料を用い、文化人類学的な視点から儀礼や経典を検討して、ナシ族の宗教に対する研究を行った[84]。近年は、ナシ族宗教経典の版本に対する文献学的な方法による研究を進

---

[77] 同博物館の前身は1984年に設立された麗江納西族自治県博物館である。雲南省麗江地区行政公署・雲南省麗江地区地方誌辦公室 1997, p.417; 卜金栄 1999, p.237。
[78] 雲南省麗江地区行政公署・雲南省麗江地区地方誌辦公室 1997, pp.393-395。
[79] '99中国麗江国際東巴文化芸術節組委会編 1999は、その発表レジュメ集である。
[80] 白庚勝・和自興 2002。
[81] 国際納西学学会 2000は、その学会誌の創刊号である。
[82] Rock and Janert 1965; Janert 1975; 1977; 1980; Janert und Pliester 1984-1997.
[83] Yang 1988a. ただしその元になっているのは、漢語で出版された民話集(中共麗江地委宣伝部 1984)である。
[84] Jackson 1965; 1971; 1973; 1975a; 1975b; 1979.

めている[85]。また、この時期には、ドイツのプルンナー(Garnot Prunner)も、ナシ族の宗教経典に関連する研究を行っている[86]。

1986年に麗江が対外的に開放されると、欧米の研究者を中心として、現地でのフィールドワークに基づいた研究が見られるようになる。これらの研究は、内容的にもその方法に合致した、文化人類学的な研究が主となっている。主な研究者には、アメリカのマクハーン(Charles F. McKhann)、エミリー・チャオ(Emily Kay Chao)、シドニー・ホワイト(Sydney D. White)などがおり、それぞれナシ族の宗教に関連した論考がある[87]。また近年、ナシ族に関する文化人類学的な研究を集めた論文集として、スイスのチューリッヒで *Naxi and Moso Ethnography* が出版された[88]。

日本では、1966年に言語学者の西田龍雄氏によってナシ族の文字が紹介され[89]、その後、ナシ族に関する研究が見られるようになった。主な研究者には、斎藤達次郎氏、諏訪哲郎氏、村井信幸氏らがおり、それぞれナシ族の宗教経典と関連した研究がある[90]。ナシ族の神話や民話の研究としては、伊藤清司氏や君島久子氏の研究があるが[91]、時代的な制約もあって、それらの研究が基づくテクストは漢語や英語による翻訳であり、原語に迫ったものではない。1986年に麗江が対外的に開放され、フィールドワークが可能になって以降は、1990年代中盤になって佐野賢治氏が日本の民俗との比較の対象としてナシ族を調査したほか[92]、フィールドワークに立脚し独特の視点でナシ族の宗教にきりこんだ荒屋豊氏の論考も出た[93]。また、この時期にはナシ族の白庚勝氏のように、日本へ留学するナシ族も出て、学術的な交流も活発化してきた。しかし、日本で

---

[85] Jackson and Pan 1998.
[86] Prunner 1967; 1969; 1975.
[87] McKhann 1989; 1992; 1995; 1998; 2001; Chao 1995; 1996; White 1993; 1997.
[88] Oppitz and Hsu 1998.
[89] 西田 1966; 2001a。
[90] 斎藤 1978; 1986a; 1986b; 1987a; 1987b; 1988; 1990; 1993; 1995; 1999; 2000; 諏訪 1983; 1983-1986; 1988; 村井1989; 1990a; 1992; 1995; 1997; 1998。
[91] 伊藤 1976; 1977a; 1977b; 1977c; 1979; 1980; 君島 1978。
[92] 佐野 1995a; 1995b; 1996a; 1996b; 1997; 1998; 1999; 2000。
[93] 荒屋 1990b; 1992; 1996; 1999; 2000a; 2000b

のナシ族研究はそのスタートが大きく遅れたため、いまだに欧米や中国におけるような大きな研究のまとまりを示すには至っていないと言われる。

2.2. 欧米の「ナシ学 "Nakhilogy"」と中国の「トンバ(東巴)文化学」

　以上に述べたナシ族宗教経典の研究史を概括すると、欧米では19世紀後半のナシ族宗教経典の発見を起点とし、続いて、主にロックによる経典の収集と基礎資料の蓄積が行われ、その後もそれに依拠して研究が行われてきたことが分かる。近年になって、現地でのフィールドワークが出来るようになるまでは、欧米での研究はロックの資料に大きく依拠してきた。欧米では、ナシ族に関わる研究を総括して「ナシ学 "Nakhilogy"」という用語が用いられることがあるが[94]、これはナシ族について、ロックの残した膨大な集積を前提にし、かつその批判的検討を行いつつ、近年のフィールドワークによって新たな発展を図る学問分野ということができよう。

　一方の中国では、欧米にやや遅れて、李霖燦のような中国人による基礎資料の収集と翻訳が行われたが、地元である雲南省麗江で基礎資料の翻訳作業が一応の完成を見たのは20世紀も末年になってからのことである。1980年代以降の中国では、部分的に出版されたナシ族宗教経典の資料を補助的に用いた、民族学、哲学、文化論などの著作が多くなり、近年はそれらを総括して「トンバ文化研究」や「トンバ文化学」と称している。しかし、これらの研究における「トンバ文化」とは何かということになると、「トンバ文化とはナシ族の古代文化を指し、主としてナシ古文字で書写された千数百巻のトンバ経典に書かれたものである。」という、かなり曖昧な定義しかなされていない[95]。

　1990年代の初めに麗江の東巴文化研究所に住み込んで調査をした文化人類学者のエミリー・チャオは、この「トンバ文化」の成立を、文化大革命終結後に

---

[94] Rock and Janert 1965, pp.XI-XIVのヤネルトによる前書きでは、"Nakhilogy" や "Nakhilogist" という用語が見られる。また、「ナシ学」という用語は、最近の中国の学者によっても用いられ始めている。ただし、その英語訳はピンイン式の "Naxiology" である(国際納西学学会 2000, p.3)。

[95] 和万宝 1985, p.1。また荒屋豊氏は、民俗的レベルでの「トンバ文化」の形成について、独自に考察を行っている(荒屋 1990b)。

表現することが可能になった、民族のアイデンティティーとしての「創られた伝統」の一例と見ている。過度の画一化を進めた文革の時代、少数民族文化の特徴を表現することは分裂主義として排斥されたが、その後、文革が収束して訪れた「毛沢東以後」の時代になると、「多民族国家」としての民族的な多様性の再発見と確認の潮流が現れる。こうした中で行われた「東巴文化研究室」の開設に見られる「トンバ文化」の「発明」は、それまで「遅れたもの」と見られていたトンバを「文化」と結びつける発想により、漢族の文化とは「異なって」いながら、しかし「遅れて」もいない、ナシ族独自のアイデンティティーを編み出したものであるという[96]。さらに、東巴文化研究所に付設された博物館に、ロックの著作が展示されていることから、英語で書かれているために同研究所の研究者たちは実際に読むことはできないが、ロックの研究は「トンバ文化」とナシ族の重要性を物語るものとして同研究所の誇りを生み出しており、「トンバ文化」に間接的に影響を及ぼしていると指摘している[97]。また、ジャクソンによれば、東巴文化研究室の設立には、部分的には1980年に雲南を訪問したドイツのヤネルトの影響もあるという[98]。その時点までに、ロックの著作は全て出版され、その後を継いだヤネルトが、ロックの残したナシ族宗教経典に関する書物を精力的に公刊し続けていたことが、中国での研究室開設の契機の一つになっているという。

　実際、現在の東巴文化研究所の研究者たちも、「欧米では、ロックのように解放前から大量の経典を収集した学者がいるから、今の我々の研究はもう追いつかない。」[99]という認識を示しており、ロックの存在がいかに大きい影響を及ぼしているかがよく分かる。また、ロックに関する認識は、必ずしも研究者だけにとどまるものではなく、筆者は、麗江県白沙村のトンバであるH氏が、「ロックが経典も道具も全て買っていったから、儀礼などはもう何もできない。」と繰り返し言うのを聞いている[100]。このように見ると、ロックが大量の経典を収集し、それを用いて膨大な量の研究をした事実は、早くからかなり広い層で

---

[96] Chao 1995, pp.116-122; 1996, pp.210-216.
[97] Chao 1995, p.120; 1996, p.215. この展示については筆者も確認した。
[98] Jackson 1989, p.140.
[99] 1999年7月8日、筆者が同席した場での同研究所研究員W氏の談話。

認識されていたと考えられる。従って、1980年代以降に中国で本格化する「トンバ文化」の研究やそれをめぐる動きにも、ロックの存在はやはり影響を与えていると考える方が自然である。従って、ロックは欧米でのナシ族研究としての「ナシ学"Nakhilogy"」に大きな影響を与えただけでなく、中国での研究としての「トンバ文化」にも影響を与えていることになる。

2.3. 宗教経典研究偏重の弊害

　ナシ族研究における宗教経典研究への偏重は、そのままナシ族に関する他の分野の研究の遅れにつながっている。言語文化の研究に限って見た場合でも、宗教経典とその文字に対する記述は大量に存在する一方、経典の言語(特にその音声言語)そのものや、経典の言語とナシ語の口語との関係を検討した研究はほとんど欠落しているといってよい[101]。文字については、方国瑜、李霖燦、ロックによるそれぞれの「字典」があるが、口語については未だに十分な辞書がない[102]。肝心のトンバ文字自体の研究も、これまでは資料編纂が大きな比重を占めてきたため、その他は、一向に結論の出ない年代考察や、漢字と比較した文字論などが主となってきた[103]。

　欧米におけるナシ族研究の基盤とされる、ロックの著作の圧倒的な分量と複雑さは、この分野において、他の学者の検討を容易に行わせない一種の混沌を招いているとも言える。また、一方の中国での「トンバ文化研究」における、

---

[100] 1998年6月4日、麗江県白沙村のH氏宅にて。H氏の年齢(およそ80歳)から考えると、およそ10歳頃の事と考えられる。

[101] わずかにある研究として、和志武 1983とHe 1999が挙げられる。その他には、朱炳祥 2002があるが、「トンバ文字はナシ語の記号体系を記録するものではない」(pp.604-607)というありきたりの結論に留まっている。

[102] 中国では、馬学良と李耀商によって『麗江納西語詞典』が作られたとする記述があるが、出版はされていない(和志武 1984, p.308)。近年になり、外国人研究者による語彙集(Pinson 1998)が出たが、語彙量は不十分である。また、ドイツのヤネルトとナシ族の楊福泉による研究成果の中にもナシ語－英語の辞典が含まれているとされるが、未刊のままである(白庚勝・楊福泉 1993, p.6; 木仕華 1997a, p.121)。

[103] 近年になってようやく、文字の字形そのものよりも、ナシ語としての読音に着目する研究が出始めており、注目される(喩遂生 1998; 1999など)。

ナシ族学者によるナシ族自身のアイデンティティーとしての研究と対外的アピールは、結果として、「原初的」かつ「神秘的」な「トンバ文化」のイメージを増幅させている。

膨大な時間と労力を費やしたロックの研究が、その後のナシ族やナシ族宗教経典の研究における基盤を築いたことは間違いないが、その一方では問題点も指摘されている。ロックの考案した複雑なナシ語の表記法が、ナシ語の発音表記を混乱させていることは事実であり[104]、ロックの記念碑的な代表作とされる *A Na-khi English Encyclopedic Dictionary* についても、特に発音順に配列された第1巻については、「ロックはほとんど自分自身で使うためにこの辞書を作ったのではないかという印象が否めない」と言われるほどである[105]。ここで問題となっているロックのナシ語の表記について、マーク・オクランド(Marc Okrand)は、言語学的な立場から検討した結果、「……彼の体系が単純化できることは明らか……」であると述べており[106]、同じく言語学者のブラッドレイ(David Bradley)も、ロックの体系は、「過剰区別」を含んでいると述べている[107]。さらに、言語学者のベネディクト(Paul K. Benedict)は、早くも1939年の時点で、「ロックは、語学の天才ではあったが、言語学的な訓練を受けたことはなく、困難なモソ(ナシ)語の音韻論を処理しきれなかった。…(中略)…彼のモソ語の発音の記述は、…(中略)…多くの点で疑問が残る。」と指摘している[108]。

確かに、その後に公表された他の学者によるナシ語の音韻体系に比べて、ロックの体系では音素(とそれを言うならばであるが)の数が異常に多くなっている。恐らくこれは、ロックが基づいた資料がナシ族宗教経典の資料であり、それはトンバがそれぞれの出身地の発音で読んだものであるため、各地の方言の発音の変異を音韻体系の中に取り込んでしまったためと考えられる。なお、すでにロックの一部の発音の記述については、現在のナシ語の方言の中にそれらしきものが見出されている[109]。

---

[104] 諏訪 1988, p.69。
[105] Pan 1998, p.281.
[106] Okrand 1974, p.56.
[107] Bradley 1974, pp.95-98.
[108] Shafer and Benedict 1939, p.364.

第2章 ナシ族宗教経典の研究史とその問題

 ところでジャクソンは、ロックの書く文章が、しばしば6つや8つの節を伴いながらも何もまとまった考えを表現しておらず、余分な言葉で読者を混乱させ、彼が言いたいことを読者に納得させる方法を知らないものであったという、National Geographic Magazine の編集者の言葉を引き、「ロックの学問は、彼自身のように矛盾に満ちている。」「その著作や論文は、混乱しているばかりでなく単調で退屈なもので、時には不正確である。」「彼は自身の仕事を分析したり、総合的に宗教儀礼を見ることには不得手であった。」と述べている[110]。このようなロックの問題点は、先に述べた彼によるナシ語の音韻分析の引き起こした混乱という問題にも通じるものである。もちろん、ロックは本来植物学者であり、植物学の上での業績を残していることも忘れてはならないが[111]、言語学的な観点に限って見ると、その資料にはかなりの問題を含んでいると言わざるを得ない。

 1990年代以降、中国大陸でのナシ族とその宗教文化の研究は、まさに空前の盛り上がりを見せていると言っても過言ではない。しかしこの動きは、1990年代中盤以降の、麗江を含めた雲南省全体の急速な観光化とも密接に関連している。前章に述べたように、麗江の「トンバ文化」は、観光の主力商品でもあるからである。1997年の麗江旧市街の世界文化遺産登録は、こうした観光化の動きにさらに拍車をかける作用を起こしている。

 近年の中国大陸における『納西東巴古籍訳注全集』の完成は、基礎資料の確定という大きな意味を持つことは確かだが、一方で、その資料的価値に対する批判的検討は不可欠のものとなるはずである。しかし、読経を行ってこの『全集』を完成に導いたトンバたちは、もはや高齢となり、次々に世を去ろうとしている段階にある。トンバがいなくなれば、ナシ族宗教経典がトンバにしか読めないものである以上、資料の再検討をすることも困難になる。資料形態においての共通点から、それは欧米においてロックの蓄積した資料がもたらした混乱と同様の現象を招く危険をはらんでいることは、容易に見て取れる。

 そして、これまでこの『全集』のために全力を注いできた東巴文化研究所も、

---

[109] 黒澤 2001, p.249。
[110] Jackson 1989, pp.138-139.
[111] 中尾 1972, pp.279-282では、植物学者としてのロックの業績が紹介されている。

すでに『全集』が完成した今、その形態や存立の意義をめぐって、様々な議論が起こってくるものと予想される。表面的な盛り上がりの裏側で、中国大陸の「トンバ文化学」は、今後はその研究方向と方法論について、再考を余儀なくされるはずである。

　以上に見たように、ナシ族宗教経典の研究史においては、特殊な文字に注目が集まる一方で、文字以外の側面に対する研究が不足していることは明らかである。特に、ロックの研究における問題に典型的に見られるように、言語学的検討に基礎を置いたナシ語の音声言語に関する検討の不足は一連の混乱を引き起こしており、これは近年の中国側の研究においても十分には解決されていない。そこで本書では、序説にも述べたように、ナシ族宗教経典の音声言語がどのようなものであるのかを明らかにすることを研究の目的として設定し、以下の各章においていくつかの方面から検討を行う。

第3章　ナシ族宗教経典の音声言語

　本章では、ナシ族宗教経典の音声言語の性質を明らかにするため、ナシ族宗教経典の音声言語とナシ語の口語との比較を行う。以下では、両者の比較を通して見出された、ナシ族宗教経典の音声言語の基本的な性質を、それぞれのテクストを提示しながら述べる。

3.1.　先行研究における経典の言語に対する認識

　ナシ族宗教経典の言語が、一般に話されているナシ語とどのように異なるのか、また、トンバやトンバではない一般のナシ族はそれをどのように理解しているのかという問題については、これまでの研究の中では以下のような言及が見られる。

　まずロックは、ナシ族宗教経典の言語について、「その文語は、現在の口語ではなく古い発音で読まれるため、現在の口語のナシ語の知識だけでは(理解するのに)不十分である。」とし[112]、「それらの経典を詠唱する時、彼ら(＝トンバ)は意味についてははっきりと理解していない場合が多く、ただ記憶によって暗誦しているだけである。」と述べている[113]。また、「吟遊詩人が古い伝説を詠ったりするように、単なる楽しみのために詠唱される経典はなく、それは儀礼において詠唱されるだけである。」とも述べている[114]。

　一方、李霖燦は、「モソ経典(＝ナシ族宗教経典)は朗誦体であり、巫師によって高歌され、時には音楽に合わせて皆に聞かせる。」とし[115]、「トンバが経文

---

[112]　Rock 1963b, p.XXII. 括弧内は筆者による補足。
[113]　Rock 1937b, p.2. 括弧内は筆者による補足。
[114]　Rock 1935, p.65.
[115]　李霖燦 1984b(論文集), p.58。括弧内は筆者による補足。

を唱えれば、呪文でさえなければ、大体は老人が理解できる。」とも述べている[116]。李霖燦の見方では、経典の言語はトンバだけでなく、老人であればナシ族の一般人でも理解できるというものである。

また、和志武は、ナシ族宗教経典の言語について論じた研究の中で、「この種の文語と現代のナシ語の口語とは同じ流れをくみ、基本は一致するが、異なるところもある。突出しているのは、トンバ経には多くの古語が残り、それは言語の各要素（＝発音、語彙、文法）に及んでいることである」と述べ、また、「しばしば、同一の経典の中で、古語と現代の口語の単語は並存し、併用されている。」とも述べている[117]。

さらに、日本の西田龍雄氏は、ナシ族宗教経典を「一種の説話文学」ととらえており、「聴衆の笑い声がどっと聞こえてくるように感じられる。」と言う[118]。

このように、ナシ族宗教経典の言語がどのようなものであるかという問題については、十分な見解の一致が見られているわけではない。経典の言語とナシ語の口語との差異について、ロックはトンバ自身もよく理解せずにただ暗誦しているだけだとして、その違いに目を向ける一方で、李霖燦や西田龍雄氏のように、トンバ以外の者にもそれが理解できるという見方もある。

一方、ナシ族宗教経典の言語的な特徴については、ロックは、「トンバは文の繰り返しを使う傾向がある。…（中略）…同じ文（の形式）が、韻律を目的として異なる単語で二回繰り返され、大多数の経典は、4語、6語、あるいは8語の韻律で書かれる。」と述べている[119]。また近年、イギリスのジャクソンの指導のもとでナシ族の宗教経典を研究している潘安石（Pan Anshi）は、ナシ族の宗教経典の様々な方向からの解読の可能性を述べた論文の中で、葬送儀礼に用いられる経典のテクストを一部挙げ、経典の句の多くに見られる頭韻や脚韻、対句や同じ形式の繰り返しなどの韻文的な性質を指摘し、トンバはその意味的

---

116 李霖燦 1984c（論文集）, p.72。
117 和志武 1983, pp.210-212。括弧内は筆者による補足。
118 西田 1966, pp.122-123; 2001a, p.114。
119 Rock 1963b, p.XXIII. 括弧内は筆者による補足。
120 Pan 1998, pp.277-280; pp.305-306. また、Michael Oppitzも、ナシ族の太鼓について述べた論文の中で、ナシ族宗教経典における繰り返しと対句の技法について指摘している（Oppitz 1998, pp.333-334）。

な内容より言葉の形式性を重視していることを述べている[120]。

　本書では、この問題についてより詳しく理解するため、ナシ族宗教経典の言語を、口語のナシ語によるテクストや、トンバとは無関係に一般の人々によって伝承されたナシ族の民謡のテクストと比較することにする。ロックや潘安石の指摘などでは、主にナシ族の宗教経典のみを対象として考察しているため、ナシ族宗教経典の言語と、一般の人々によって話されているナシ語の口語や、ナシ族の民謡における言語との関係ははっきりしない。そこで本書では、これらの具体的なテクストの比較を通じて、その違いと関係を考察することにする。

3.2. ナシ族宗教経典をめぐる言語状況の概略

　ナシ族宗教経典は、種々の儀礼においてトンバによって「朗誦」される。普通、トンバによって経典が「読まれる」ということは、すなわち「朗誦される」ことを指しており、これは現在でもトンバの行為を観察することで容易に確認することができる。

　李霖燦は、このようなナシ族宗教経典の言語を、「朗誦体」という概念で捉えている[121]。そこで本書でも、ナシ族宗教経典の音声言語の体裁を「経典朗誦体」という概念でとらえ、ナシ語の口語の形式と区別することにする。「経典朗誦体」は、ナシ族宗教経典の言語的側面のうち、トンバ文字やゴバ文字などの文字としてではなく、トンバの口から発せられる音声としての側面であり、特にその文体的特徴に着目した概念である。本書では、まずこれに「経典朗誦体」という呼称を与え、その実体と性質について、以下に詳しく検討してゆくことにする。また、「経典朗誦体」で書かれたテクストを「経典テクスト」と呼ぶことにし、口語体による「口語テクスト」と区別する。

　また、筆者のフィールドでの観察では、経典朗誦体には、トンバ自身による経典の記憶の作業や、トンバの師弟の間での伝承の場において用いられる「略式」の朗誦と、実際のトンバ教の宗教儀礼において、音楽的なメロディーを伴って長時間にわたって詠唱される「正式」な朗誦の二種類を区別することができた。この両者は、主にメロディーなどの音楽的側面の有無によって区別され、また、後者は前者に比してかなりゆっくりと唱えられるのが特徴である。

---

[121]　李霖燦 1984b（論文集）、p.58。

3.3. 比較するテクストの詳細

　本書では、ナシ族の創世神話の中で、最も大きなウエイトを占める「洪水神話」を分析の対象としてとりあげる。第1章に述べたように、同じ洪水神話でも、トンバ教の経典に書かれているテクストと、トンバとはかかわりなく口頭で伝承されているテクストとでは、その内容の一部に違いが見られる。本書での比較で用いるテクストにおいても、例えば経典のテクストで、主人公が登場する以前に語られる哲学的な内容や、主要なストーリーの後に語られる儀礼の起源を語る部分は、口語テクストでは語られないか、大幅な省略が見られるなどの違いは存在する。しかし、筆者の採集した口語テクストは、以下に詳しく述べるようにトンバによって語られたものであるため、内容的な側面からの比較によって口頭の伝承とトンバ教の宗教経典の違いをあぶり出すには、やや方法的に無理がある。ここでは、そのような内容的な比較を行うことはせず、その言語的側面に対する比較のみを行うことにする。

　ナシ族の創世神話における洪水神話の、最も主要な部分のあらすじは、以下のようなものである。

「先祖が誕生してから、何代かを経て生まれた兄弟姉妹が近親相姦を犯すと、それに対する懲罰としての大洪水が発生し、人類の始祖であるツォゼルグ一人を残して他の人間が死滅する。生き残ったツォゼルグは、配偶者として天上の神であるジラアプの娘、ツェフボバ(ツェフボボ)を獲得しようとするが、ジラアプからいくつもの試練を与えられる。ツォゼルグは試練の度にツェフボバのアドバイスを得てそれを克服し、ついに結婚を許される。その後、ジラアプから家畜や栽培植物をもらって大地に移り住み、天を祭る。」

　次に、本書で比較するテクストの詳細について述べる。まず、本書で使用するナシ族の洪水神話の口語テクストには、以下の二つがある。

　A：「ツォゼルグの話」(本書《資料編》4 所収)
　B： "Ts'ö2 be1-t'v1" (Yang 1988b)

　Aのテクストは、筆者が現地で録音し、その後、ナシ族出身学者の協力を得

て書き起こしたものである。調査時期は1999年11月、調査地は廸慶チベット（藏）族自治州中甸県三壩郷白地である。インフォーマントは当地に居住するトンバである和志本氏（調査時満73歳）である。このテクストの採集にあたって、筆者は、インフォーマントに「トンバ経典の言葉ではなく、今の言葉で語って欲しい」と要請して語ってもらった。録音時に宗教経典は参照しない状態で語られている。結果として得られたテクストは、所々に経典の朗誦体が引用されてはいるが、その基本は現在の話し言葉であり、口語のテクストと認めることができるものとなった。ただし、インフォーマントは「経典の話はさらに長い」と述べており、このテクストでは、口語での語りという性質によって省略された部分も多いと見られるので、これが経典朗誦体をそのまま口語体に変換したものであると単純に考えることはできない。しかし、録音時間は26分30秒ほどあり、もしこれを口頭で伝承された神話と考えれば、比較的長い部類に属する。

　Bのテクストは、ナシ族出身の民族学者、楊福泉（Yang Fuquan）氏が、サンスクリット古典学の研究者であったヤネルトに招かれてドイツに滞在した折に作成した、ナシ語による民話テクスト集、*Stories in Modern Naxi* に含まれているものである。ただし、この原典は漢語で出版された民話集、『納西族民間故事選』（上海文芸出版社1984）であり、このテクストは実際には漢語からナシ語へと「翻訳」されたものである。『納西族民間故事選』の「人類移動の記（"人類遷徙記"）」のあとがきには、それが「トンバ経典に基づき、口頭の資料を参考にした」ものであると書かれている[122]。このため、このテクストの内容や構成については、編集の過程で多分に手が加えられているものと推察され、これをナシ族の神話の直接の資料とすることには十分な注意を必要とする。しかし、文体を含めた言語的側面については恣意的な操作はさほど多くないと考えられるので、本書で問題としている言語的側面の比較に限定するならば、Bのテクストを比較の材料にすることが可能であると考えられる。一部を除いて、基本的にこのテクストでの漢語からナシ語への「翻訳」はかなり正確に行われており、また、このテクストはナシ語のネイティブスピーカーの手になるものでもある。

　次に、筆者が経典朗誦体のテクストとして参照したナシ族の「洪水神話」を

---

[122]　中共麗江地委宣伝部 1984, p.70。

含むテクストには、以下の11種がある。これらは、いくつかの異なる儀礼に属するテクストであるとされるが、いずれも「ツォバトゥ("Coq bber tv"、「人類移動の由来」)」と題され、細部の相違はあるものの、話の大筋においてはほとんど一致するテクストである。なお、ナシ族宗教経典には、この他にもこれとよく似た「ツォバサ("Coq bber sal")」[123]と題されたテクストがあるが、ここでは「ツォバトゥ」のみを扱うことにする。

C：『麗江麼些象形文'古事記'研究』(傅懋勣 1948)[124]
D：「麼些族的洪水故事」(李霖燦・和才 1978)[125]
E：「崇般崇笮」(和雲彩・和発源 1986)[126]
F：『関死門経・人類遷徙記』(和開祥・和宝林 n.d.)[127]
G：『COQ BBER TV(創世紀)』(和志武 1986)[128]
H：「禳垜鬼儀式・人類起源和遷徙的来歴」(和士成・和力民 1999-2000)[129]
I：「除穢・古事記」(和即貴・李英 1999-2000)[130]
J：「関死門儀式・人類的起源」(和開祥・李例芬 1999-2000)[131]
K：「大祭風・創世紀」(和即貴・和宝林 1999-2000)[132]
L：「退送是非災禍・創世紀」(和雲章・和品正 1999-2000)[133]
M：「超度死者・人類遷徙的来歴・上巻」(和士成・和発源 1999-2000a)、
　「超度死者・人類遷徙的来歴・下巻」(和士成・和発源 1999-2000b)[134]

---

[123] "Coq bber"は「人類が移動する」、"sal"は「招く」という意味である。
[124] 傅懋勣 1948。
[125] 李霖燦・和才 1978。
[126] 和雲彩・和発源 1986。
[127] 和開祥・和宝林 n.d.。
[128] 和志武 1986。
[129] 和士成・和力民 1999-2000。
[130] 和即貴・李英 1999-2000。
[131] 和開祥・李例芬 1999-2000。
[132] 和即貴・和宝林 1999-2000。
[133] 和雲章・和品正 1999-2000。

これらの経典テクストのうち、G以外は、経典の文字とIPAによるその読音、および漢語訳を併記したものである。

Cは、言語学者の傅懋勣が、1934年頃、現在の麗江県大研鎮五台辧事処中和村に住んでいた著名なトンバである和芳による朗誦を記述し、訳注をほどこしたものである。なお、傅懋勣は、この他の経典の研究である傅懋勣1981; 1984a; 1993a; 1993b; 1993c; 1993dについても、やはり同様に和芳の朗誦で記述している。

Dは、李霖燦が1942年から1946年の期間に、インフォーマントであるナシ族の和才の朗誦を記述して訳注をほどこしたもので、『麼些経典譯註九種』に収められている。和才はトンバであり、出身地は麗江県北西部の魯甸郷で、その読音は魯甸郷の方言であるとされる。ただし、和才はトンバ経典については白地でも学んでいる。

Eは、麗江での1981年の東巴文化研究室（現・東巴文化研究所）の成立後、同研究室によって初めて出版されたナシ族宗教経典の訳注である『納西東巴古籍訳注（一）』に収められたテクストである。魯甸郷新主村の出身である和雲彩の朗誦を、同研究室の和発源が記述して訳注をほどこしたものである。

Fは、東巴文化研究所で販売された内部資料であるが、発行年などは記されていない。魯甸郷新主村の出身である和開祥の朗誦を、同研究所の和宝林が記述して訳注をほどこしたものである。1999～2000年に出版された『納西東巴古籍訳注全集』に収められているJのテクストとは、経典の文字テクスト及び朗誦者は同一であるが、翻訳者が異なっている。

Gは、ナシ語のピンイン式ローマ字表記のみによるテクストであり、その漢語訳にあたると考えられる資料は、『中国原始宗教資料叢編』に収められている「創世神話《崇邦統》(人類遷徙記)」[135]である。これには、和芳の朗誦を和志武が1954年に記録したと記されているので[136]、おそらくGのテクストのインフ

---

[134] 和士成・和発源 1999-2000a; 1999-2000b。なお、これらのテクストの他にも、1963年に麗江県文化館によって石版印刷された『崇搬図』(周汝誠整理 諏訪・渡辺訳 1986(日本語文献)はその翻訳。)などの資料もあるが、ここでは比較的入手の容易な上記のものに限定して作業を行った。

[135] 和志武 1993; 2000(再版)。

[136] 和志武 1993, p.329; 2000, p.330。

トンバの出身地

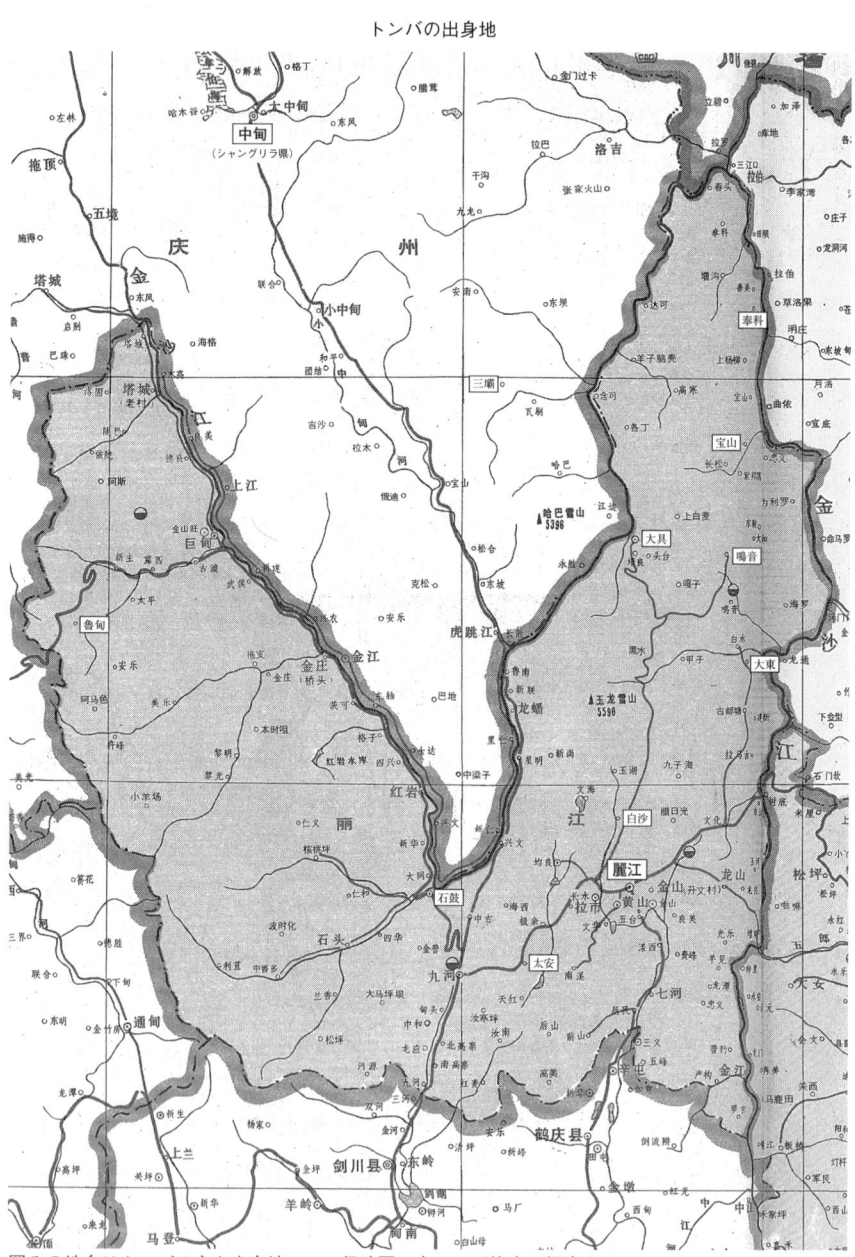

囲みの地名はトンバの主な出身地。この行政図は右ページ枠内に相当する。

第3章　ナシ族宗教経典の音声言語　　45

雲南省北西部の地形

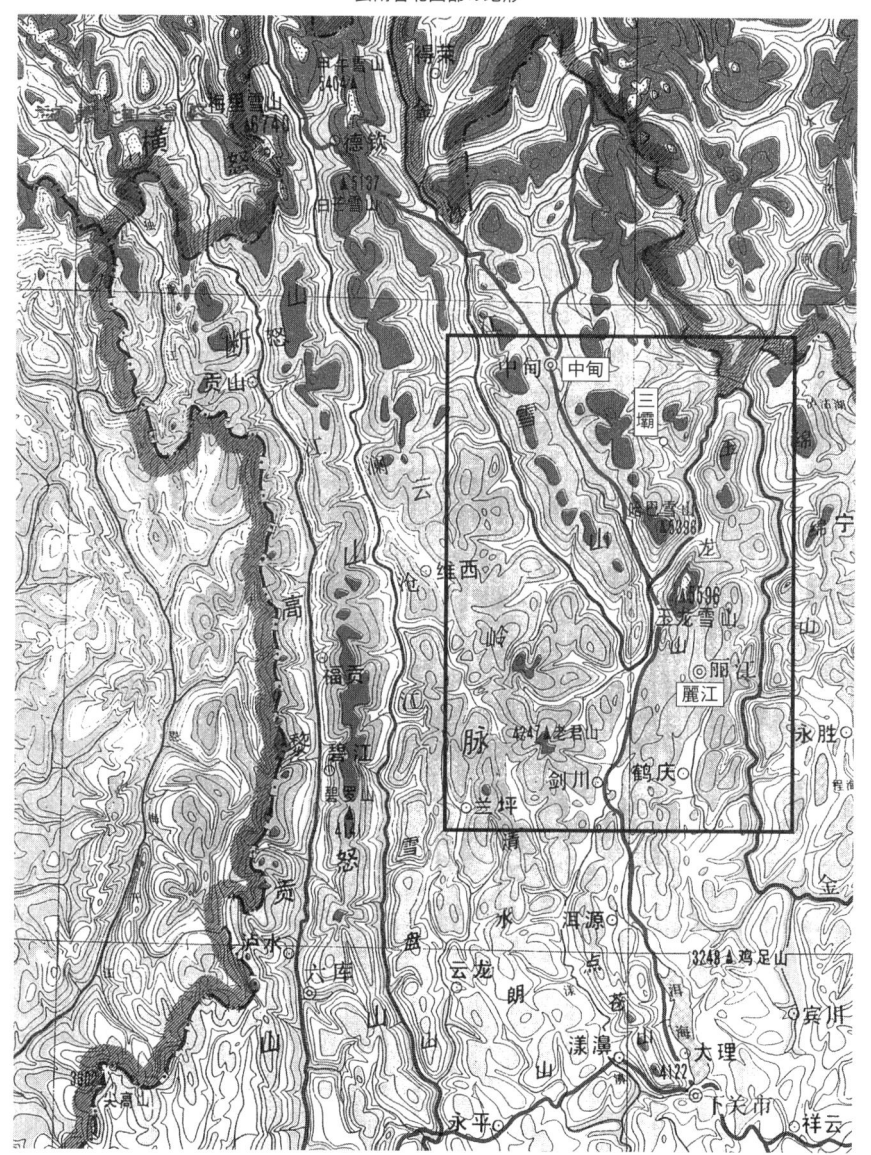

チベット高原から南北に伸びる横断山脈に沿って、西から怒江(サルウィン川の上流)、瀾滄江(メコン川の上流)、金沙江(長江の上流)が深い峡谷を刻む一帯は「三江併流」と呼ばれ、2003年、世界自然遺産に登録された。雲南最高峰・梅里雪山は海抜6740m。中旬の標高は3288m。

ォーマントもCと同じく和芳であり、和芳の朗誦をもとに、和志武が整理を加えたものと考えられる。

HからMは、いずれも近年出版された東巴文化研究所による『納西東巴古籍訳注全集』に収められているテクストである。朗誦者の和士成は麗江県の大東郷の出身[137]、和即貴は鳴音郷の出身、和雲章は魯甸郷の甸頭村の出身である。

以上のテクストは、朗誦者の出身地について見ると、麗江県の中心地である大研鎮以外の方言による朗誦が主であるが、それらはいずれもナシ語西部方言の区域に含まれる方言によるものである。西部方言内部の下位方言("土語")の差異は、主に音声的・音韻的差異が主であり、語彙的・文法的差異は比較的小さいので、特別にその音声的・音韻的差異に着目する場合を除けば、これらのテクストをある程度の均質性を有した経典朗誦体の資料として扱うことができる。

なお、Oppitz 1998にも、洪水神話の経典のテクストがナシ語の原文とともに引用されているが、ごく一部分のみなのでここでは省略する[138]。また、同じくナシ族の洪水神話を扱った、ロックによる "The Story of the Flood in the Literature of the Mo-so (Na-khi) Tribe"[139]には、英訳が掲げられているのみで、ナシ語による原文は収録されていないので、ここでは用いることができない。また、この他にも漢語で公表されたものについては、『民間文学』1956年第7期に発表された「人類遷徙記」[140]のほか、『納西族民間史詩 創世紀』[141]や『雲南民族文学資料(第一輯)』に収められたもの[142]、ナシ族出身で女性の文学者・研究者である趙銀棠による『玉龍旧話新編』[143]に収められたもの、『納西族民間故事集成巻 第一集』[144]に収められたものなどがあるが、やはりナシ語の原文がな

---

[137] 大東郷は、大研鎮から北東に道のり60数km。
[138] Oppitz 1998, pp.322-328。
[139] Rock 1935。
[140] 和志武 1956。これは上掲の『納西族民間故事選』に収められたものとほぼ同一のテクストである。
[141] 雲南省民族民間文学麗江調査隊 1960(1978年第二版)。
[142] 牛相奎・木麗春 1956。
[143] 趙銀棠 1984。
[144] 麗江地区文化局・民委・群芸館 1988。

いのでここでは用いることができない。

　以下、本書におけるナシ語テクストの引用は、なるべく原典に即したものとし、特に本書の《資料編》4に収めた資料については、文法成分の表示やその他の記述の方式を含めてそのまま引用している(例えば、[　]を付したものは漢語からの借用語を示す)。また、ナシ族宗教経典のテクストからの引用には、比較の便宜上、それぞれの出典における表記を統一したナシ語ピンイン方式のローマ字に変換した。変換については、《資料編》3に示した表記法の変換を適用した。

3.4. 「句」の音節数の固定傾向

　口語テクストと経典テクストを具体的に比較してゆくと、まず第一に着目されるのは、それぞれのテクストにおける文や「句」の音節数の問題である(本書では、後に見るようなナシ族宗教経典の整った文体におけるひとまとまりの文の単位を「句」と呼ぶことにする)。口語テクストにおいては、各文の音節数は特に定まっておらず、全体の形式を整えようとする意図も見られない。これに対して、経典テクストにおいては、各句が一定の音節数に固定してゆく傾向が見られる。経典テクストでは、口語テクストに見られるような余分な接続詞などは省かれ、全体が整った形式に収められてゆく。これが経典朗誦体としての基本的な体裁であると考えられる。

　以下に、大洪水を前に、神であるムルドゥアプがツォゼルグに生き残る方法を教える場面のテクストを、二つの口語テクストと、二つの経典テクストを対比させながら示す。以下では、それぞれのテクストにおいて内容的に対応する部分を、番号で示している。以下の1から5までは、一続きのストーリーであり、1は「ヤクを屠殺しなさい」、2は「皮を張って皮袋を作りなさい。」、3は「細い錐と太い糸でそれを縫いなさい。」、4は「中に家畜や穀物の種などを入れなさい。」、5は「高い木の上にそれを結びなさい。」というムルドゥアプのセリフをそれぞれ示す部分である。

　一部のテクストにおいては、後に語られるべき部分の一部が前出したり、語られる順序が逆転したりしているものがある。以下では、それぞれのテクストにおいて実際に語られている順序を優先したため、文の始めにつけられた番号は、後の番号が先に出たり、順序が逆転しているものがある。これらについては必要に応じて適宜説明を加えた。基本的に、以下のそれぞれのテクストは番

号の順にかかわらず、上から連続しているものである。また、該当する部分がない場合には、「(該当部分なし)」と記した。

以下のテクストでは、逐語訳を付したナシ語の原文を示し、一文(あるいは一部分)ずつ、〈 〉内にその訳を示した。まず始めに、二つの口語テクストを示す。

【口語テクストA：No.42-46】
4a. Neeq leel seil, neeq gge ggvzzeiq ga gge, ai lerl ga gge, e:,
　　お前 (接4)(接2) お前 (構4)　物　　　良い(構4) 穀物 種 良い(構4) あー

　　ceecaiq gge, ddeehebbei,
　　家畜　(構4)　　全部

〈お前は、お前の良い物、良い穀物の種、あー、家畜の、全て〉
　　　　　　　　　　　　　　　　　　　　　　　(この内容は4bに続く)

1. Yegoq nee, yegoq leiwul tv pil seil, bberq ddee pul kol,
　　家　(構3)　家　　戻る　着く(態4)(接2)　ヤク　　1 (頭) つぶす

　　Bberq ddee pul kol pil seil,
　　ヤク　1　(頭) つぶす (態4)(接2)

〈家に、家に帰ったら、ヤク一頭をつぶしなさい。ヤク一頭をつぶしたら、〉

2. bberq, bberq ee nee seil, cheebbei rherddvq bbei daiq,
　　ヤク　　ヤク　皮 (構3)(接2)　これ-(構5)　湿った-皮袋 (構5) 引っ張る

　　Rherddvq bbei daiq seil,
　　湿った-皮袋　(構5) 引っ張る (接2)

〈ヤク、ヤクの皮で、このように湿った皮袋のように張って(張って湿った皮袋を作り)、張って湿った皮袋を作ったら、〉

3. (該当部分なし)

4b. neeq ddeehebbei kvqjuq eq zee naiq, e:,
　　お前　　全部　　中-(方向)(副8) 置く (助4) あー

〈お前は全部中に置かなければならない。あー、〉(4aから続く)

5. Cheebbei pil seil shuashuaq gge rhuqgv, miu gge, eyi xulzzerq negge
　　これ-(構5) (態4)(接2)　高い-(重)　(構4)　山-(尾2)　天　(構4)　今　コノテガシワ-木 (接6)

  leelzzerq gu   derl bil   ner seiq,
　　モミ-木　　頭　　結ぶ (態4)(助4) (態1)

〈こうしたら、とても高い山の上の、天の、今、コノテガシワの木とモミの木のてっぺんに、結ばなければならない。〉

【口語テクストB：p.146】
1. Neeq kobbeiq perq gge[145] bberqgo ddee pul see kol, bil seil,
　　お前　　ひづめ　　白い　(構4)　　ヤク-雄　　1　　(頭)　先に　屠殺する (態4)(接2)

〈お前は、まず白いひづめの雄ヤク一頭をつぶし、それから、〉

2. bberq ee sheel bil   yerl ceelddvq daiq,
　　ヤク　皮　はぐ (態4)(接5)　皮袋　　引っ張る

〈ヤクの皮を剥いで、張って皮袋を作り、〉

3. zul ceeq keeq bbiu nee reeq,
　　錐　細い　　糸　　太い　(構3)　縫う

〈細い錐と太い糸で縫い、〉

5. ceelddvq gol sa'erq ceiq ni keeq eq zee, see keeq   xulzzerqjerq
　　皮袋　　(構2)　麻-縄　　10　　2　　(本)　(副8)　結ぶ　　3　　(本)　コノテガシワ-木-(方向)

  pai, see keeq leelzzerqjerq pai, see keeq meegv sheeq, see keeq
　　結ぶ　 3　　(本)　モミ-木-(方向)　結ぶ　 3　　(本)　　天-(尾2)　引く　　3　　(本)

  leetai sheeq.
　　地-底　　引く

〈皮袋に12本の麻縄を結び、3本はコノテガシワの木に結び、3本はモミの木に結び、3本は天に(つないで)引き、3本は地に(つないで)引きなさい。〉

---

[145]　口語テクストBでの記述に忠実に従えば、これは[ɣə˧]であり、実際に大研鎮方言の話者にはそのような発音も聞かれるが、ここではより一般的なgge[gə˧]に変換しておく。

4. gaddeeq gge ceel, haiq bbei sheeq gge ddiulkee, bbei bbei perq gge
　　太った　(構4)　ヤギ　金　(構5)　黄色い　(構4)　追う-犬　雪　(構5)　白い　(構4)

aiq perq nef xiq lerl ggv siuq ceelddvqloq eq keel, leijeq gge ggaiq
鶏　白い　(接6)　稲　種子　9　(種)　　皮袋-(尾3)　(副8)　入れる　さらに　(構4)　長刀

sherq nef zeilmaq la kvq eq keel naiq.
長い　(接6)　火打ち金　(副3)　中　(副8)　入れる　(助4)

〈太ったヤギ、金のように黄色い猟犬、雪のように白い鶏と9種の種もみを皮袋の中に入れ、さらに長い刀と火打ち金も中に入れなければならない。〉

　この二つの口語テクストにおいては、文の形式については特に制約がなく、比較的自由な形式で語られている。口語テクストAでは、4の一部(4a)が、先に出てきている形となっている。このような順序の逆転が起こりやすいのも、Aのような未整理の口語テクストの特徴である。また、同一の単語や文の一部を言い直すこともよく見られる。一方、口語テクストBは、出版のために整理されたものであるため、4と5の順序が逆転している以外には、Aに見られるような極端な前出や言い直しは見られないが、やはり文の形式には特に制約は見られず、自由な形式で語られていると言える。次に、この部分に対応する二つの経典テクストを示す。

【経典テクストⅠ：pp.174-175】

1. bberq shual la perq kol,
　　ヤク　去勢した　手　白い　つぶす

〈白い前足の去勢したヤクをつぶし、〉

2. bberq ee rherddvq daiq,
　　ヤク　皮　湿った-皮袋　引っ張る

〈ヤクの皮を張って湿った皮袋を作り、〉

3. zhul ceeq keeq bbiu reeq.
　　錐　細い　糸　太い　縫う

〈細い錐と太い糸で縫い、〉

4. zheeqmei xi lerl keel,
　　穀類-(物)　100　種子　入れる

　haiq ceelto yi teiq nieq keel, haiq aiqzeel yi teiq nieq keel,
　　金　子ヤギ（構10）それ（上に）入れる　金　ひよこ（構10）それ（上に）入れる

　haiq keenil yi teiq nieq keel, haiq sheeq zeimaq teiq nieq keel,
　　金　子犬（構10）それ（上に）入れる　金　黄色　火打ち金　それ（上に）入れる

　〈100種の穀類を入れ、金の子ヤギはそれに入れ、金のひよこはそれに入れ、金の子犬はそれに入れ、金のように黄色い火打ち金をそれに入れ、〉

5. shubberq shu'erq zeiq, see bbaq　xul　nieq pai,
　　鉄-縄　　鉄-縄　　使う　3　（本）コノテガシワ（上に）結ぶ

　see bbaq lee nieq pai, see bbaq aiq nieq pai.
　3　（本）モミ（上に）結ぶ　3　（本）崖（上に）結ぶ

　〈鉄の縄を使って、3本はコノテガシワの木に結び、3本はモミの木に結び、3本は崖に結ぶ。〉

【経典テクストD：pp.41-42】
1. nvq[146] yi bberq shual laq perq kol,
　　お前　（構10）ヤク　去勢した　手　白い　屠殺する

　〈お前は、白い前足の去勢したヤクをつぶし、〉

2. bberq ee gvddvq daiq,　fai　zeel.
　ヤク　皮　皮袋　引っ張る　(命令)　(末5)

　gvddvq rherddvq daiq, rherddvq salddvq daiq,
　皮袋　湿った-皮袋　引っ張る　湿った-皮袋　空気-皮袋　引っ張る

　〈ヤクの皮を張って皮袋を作りなさい、と言う。それを張って湿った皮袋を作り、湿った皮袋を張って空気の入った皮袋を作り、〉

---

[146] 経典テクストDでの表記は[nu]であるが、実際の音声は[nv̩]である（李霖燦・張琨・和才 1978, p.13）。

3. zhol ceeq keeq bbiu zeiq, xibbv xi'aiq zeiq,
   　　錐　細い　糸　太い　使う　皮の糸　皮の縄　使う

   〈細い錐と太い糸を使って、皮の糸と皮の縄を使って、〉

5. seel bbaq xol nieq pai, seel bbaq leel nieq pai.
   　3　（本）コノテガシワ（上に）結ぶ　3　（本）モミ（上に）結ぶ

   〈3本はコノテガシワに結び、3本はモミの木に結び、〉

4. hai sheeq ceelto, hai sheeq keeni, ailzeq, gamei eemei neemei ggv
   　金　黄色い　子ヤギ　金　黄色い　子犬　ひよこ　良い-(物) 良い-(物) 家畜-(物) 9

   qo, zheeqmei xi lerl hai sheeq zeimaq hai sheeq ggaiq tal,
   （種）穀物-(物) 100 種　金　黄色い　火打ち金　金　黄色い　長刀　鋭い

   kvq nee keel fai zeel.
   中　（構3）入れる（命令）（末5）

   〈金のような黄色い子ヤギ、金のような黄色い子犬、ひよこ、良いもの、9種の家畜、100種の穀物、金のように黄色い火打ち金と金のように黄色い鋭い刀を、中に入れなさい、と言う。〉

(4と5は順序が逆転)

　上掲の11種の経典テクストの中で、本節で見た部分のテクストを相互に比較すると、上に示した経典テクストⅠにおけるこの部分のテクストは最もよく形式が整っており、次に示した経典テクストDにおけるテクストは最も形式が整っていないものである。他の9種の経典は、多少の省略や順序の逆転などの異同はあるが、形式の整い方という観点から見ると、おおむねこの二つのテクストの中間に位置している。
　上に掲げた経典テクストⅠでは、はっきりとした音節数の固定傾向が見られ、一方の経典テクストDでも、4の部分を別とすれば、やはり音節数の固定傾向が見てとれる。口語テクストに見られたような接続詞や各種の助詞などの文法的成分は省かれることが多く、具体的な意味を表す名詞や動詞などが句の大部分を構成している。この二つの経典テクストの音節数を記号で図示すれば、以下のようになる。○と▲はどちらも一音節を表す。

第 3 章　ナシ族宗教経典の音声言語　　53

【経典テクストⅠ】
　1：○○○○○,
　2：○○○○○,
　3：○○○○○,
　4：○○○○,
　　　○○○○○○, ○○○○○○,
　　　○○○○○○, ○○○○○○.
　5：○○○○○, ○○○○○,
　　　○○○○○, ○○○○○.

【経典テクストD】
　1：▲▲○○○○○,
　2：○○○○○▲▲.
　　　○○○○○, ○○○○○,
　3：○○○○○, ○○○○○,
　5：○○○○○, ○○○○○,
　4：○○○○, ○○○○, ○○, ○○○○○○○,
　　　○○○○/○○○○/○○○○,
　　　○○○○○.

　経典テクストⅠにおいては、全ての句が 5 音節か 7 音節に揃えられている。一方、経典テクストDにおいては、1 と、2 の第一句目は 7 音節であり、それ以降から 5 までは 5 音節であるが、意味的な切れ目に着目すれば、1 と 2 の 7 音節の句についても、2 つの 5 音節句の両側に 2 音節の補足的な成分が加わった形をしている。その点ではこの二つの 7 音節句も、5 音節を基本とし、それを 7 音節に発展させた形式ととらえることができる。また、最後の 4 の部分は、一見すると音節数には統一性がなく、ばらばらなようであるが、意味的に見ると 4 音節に分節できるものがあり（【○○○○/○○○○/○○○○】の句）、結果としては 4 音節の句が多くなっている。
　このように、経典朗誦体においては、必ずしも全ての句が同じ音節数になるわけではないが、5 音節や 7 音節、あるいは 4 音節の対句の形式が頻出することが分かる。ただし、どの場合にどの音節数になるというような規則性は見出

し難いため、あくまでもこれは音節数固定の傾向と言うべきである。

3.5. 音節数を揃えるための技法

　経典テクストにおいては、句の音節数を揃えるための様々な技法が見られる。ツォゼルグの先祖が出現するくだりでは、先祖の名前が順に羅列されていくが、その部分のテクストはそれぞれの経典によって異同があり、そこでは音節数の整頓に関わる技法を見ることができる。以下にいくつかのテクストを比較しながら検討する。まず、この部分は、二つの口語テクストでは、以下のように語られている。

【口語テクストA：No.2】

　Miusseiceeceeq cherl, e, Ceeqsseiyuqssei cherl, Yuqsseijuqssei cherl,
　　ムゼツツ　　　（世代）あ　　ツゼユゼ　　　（世代）　　ユゼキュゼ　　（世代）

　Juqsseizziqssei cherl, Zziqssei nee Coqssei cherl,　a:,
　　キュゼジゼ　　（世代）　　ジゼ　（接6）ツォゼ　（世代）　あー

〈ムゼツツの代、あ、ツゼユゼの代、ユゼキュゼの代、キュゼジゼの代、ジゼとツォゼの代、あー〉

【口語テクストB：p.143】

　Tafggeeq tee: "Meesseiceecee, Ceeceeceeyuq, Ceeyuqceejuq,
　　彼-(複)　それ　　ムゼツツ　　　　ツツツユ　　　　ツユツチュ

　Ceejuqjuqssei, Juqsseizzissei, Zzisseicoqssei, Coqssei'leel'ee" waq.
　　ツチュツュゼ　　チュゼジゼ　　　　ジゼツォゼ　　　ツォゼルグ　　　　である

〈彼らは、「ムゼツツ、ツツツユ、ツユツチュ、ツチュツュゼ、チュゼジゼ、ジゼツォゼ、ツォゼルグ」である。〉

　口語テクストAでは、始めから4人目までの名前は4音節で、それに量詞の「"cherl"（世代）」が付いた5音節の形式をとっており、次の"Zziqssei"と"Coqssei"の間には、接続詞の「"nee"（…と）」が入り、この句は6音節となる。一方の口語テクストBでは、始祖の名前をそのまま列挙するだけで、もともと4音節である名前が並ぶだけである。次に三つの経典テクストの例を挙げる。

【経典テクストＣ：p.40】
　Meesseiceecee tv, Ceeceeceeyuq tv, Ceeyuqceejuq tv,
　　　ムゼツツ　　出る　　　ツツツユ　　　出る　　　ツユツチュ　　出る

　Juqsseijjissei tv, Jjisseicoqssei tv, Coqssei'leel'ee tv.
　　　チュゼジゼ　　出る　　　ジゼツォゼ　　出る　　　ツォゼルグ　　出る

　〈ムゼツツが出て、ツツツユが出て、ツユツチュが出て、チュゼジゼが出て、ジゼツォゼが出て、ツォゼルグが出た。〉

【経典テクストＥ：pp.174-175】
　Meesseiceecceq cherl, Ceeceeqceeyuq cherl, Ceeyuqceejuq cherl,
　　　ムゼツツ　　（世代）　　ツツツユ　　（世代）　　ツユツチュ　　（世代）

　Juqseijji ddee cherl, Jjiseicoq ddee cherl, Coqssei'leel'ee cherl, ……
　　チュゼジ　１　（世代）　ジゼツォ　１　（世代）　ツォゼルグ　　（世代）

　〈ムゼツツの代、ツツツユの代、ツユツチュの代、チュセジの一代、ジセツォの一代、ツォゼルグの代、……〉

【経典テクストＪ：pp.111-112】
　Meesseiceecceq tv, Ceelceeqceeyuq tv, Ceeyuqceejuq tv,
　　　ムゼツツ　　出る　　　ツツツユ　　　出る　　　ツユツチュ　　出る

　Juqseijji tv heq, Jjiseicoq tv heq, ……
　　チュゼジ　出る（態1）　ジゼツォ　出る（態1）

　〈ムゼツツが出て、ツツツユが出て、ツユツチュが出て、チュセジが出て、ジセツォが出て、……〉

　経典テクストＣでは、４音節の始祖の名前に「"tv"（出る）」という動詞が続き、一句が５音節に揃っている。一方、経典テクストＥでは、始めの３人の始祖までは、始祖の名前が４音節であり、それに「"cherl"（世代）」という量詞をつけて、一句５音節として語られる。しかし、何らかの理由で４番目からは始祖の名前が３音節のものとなるため、このテクストでは量詞の前に数詞「"ddee"（1）」を補うことで、一句を５音節に調整している。数詞の「1」が加わることで、意味的に生じる違いは特に大きくないため、これは明らかに音節数を調整するためにとられた技法であると言える[147]。

また、経典テクストJでは、やはり同じように4番目の始祖から3音節の名前となるが、今度は「"tv"（出る）」という動詞に完了を意味する文末助詞がついた形式を構成し、一句を5音節に調整している。これも意味的には「出た」という程度で、それほど大きな違いをもたらすことにはならず、音節数を5音節に整えるために形式的に使われたと見られる[148]。

　また、この他の経典テクストにおいては、多少の異同はあるものの、経典テクストCとほぼ同じタイプのものが、D（p.37）、G（p.16）、H（pp.145-146）、I（p.169）、K（pp.18-19）、L（p.344）、M（p.157）の7種であり、経典テクストJと同じタイプのものは、もともと文字テクストがJと同一であるF（p.20）である。

　前節で見た音節数の固定傾向の例では、接続詞などの文法的成分を省くことによって音節数を一定に調整していた。一方、ここに挙げた例では、実質的には大きな意味の違いをもたらさない数詞や量詞、あるいは文末助詞などの成分を使って、音節数の不足を埋め合わせることにより、各句を同じ音節数に揃えている。

　前節の例と合わせれば、経典朗誦体においては、前節で見たような文法的成分の省略と、ここで見たような特に大きな意味の違いをもたらさない成分の補充という、主に二つの方法を用いて、各句の音節数を整えていることが分かる。

3.6. 繰り返しの傾向（1）—対比される人物における繰り返し

　口語テクストと経典テクストを比較してゆくと、上述したような一定の整った形式を志向する経典テクストにおいては、同じような句の繰り返しが頻繁に見られることが分かる。もちろん口語テクストでも、語りの形式として同様の繰り返しが見られることはある。しかし、口語テクストでは、あまりにそれが長く続いた場合は、むしろ冗長なものと感じられることがあり、多少なりとも繰り返しの中で省略が行われる。しかし、一方の経典テクストでは、同様の形

---

[147] なお、このテクストでは、ムゼッツの前にさらに3つの名前が並んでいるが、便宜上ここでは省略する。また、そのうちの二つは、経典テクストCでは名前ではなく一般名詞として解釈されている。

[148] このテクストでもムゼッツの前には三つの名前があるが、やはりここでは省略する。

式を保持することに重点が置かれ、口語テクストには見られないような長い繰り返しが頻出する。

　経典テクストに見られる繰り返しの現象には、今回比較したテクストにおいては、大きく分けて二つの場合がある。その第一は、対比される人物に関するテクストにおける、叙述形式の繰り返しであり、その第二は、他者によるアドバイスのセリフとそれを実行に移す段階のテクストにおける形式の繰り返しである。ここでは、まず第一の場合について、口語テクストと比較しながら検討する。

　以下では、ムルドゥアプが後に全て洪水で死滅することになるツォゼルグ以外の兄弟たちに嘘のアドバイスをする部分のテクストを提示し、比較を行う。上述の3.4.で見た、ムルドゥアプがツォゼルグに言ったアドバイスの内容の細部が、「ヤク」は「豚」に、「コノテガシワとモミ」は「松と栗」という具合に入れ替わる。この嘘のアドバイスを実行したために、ツォゼルグの兄弟たちは大洪水を生き残ることができずに死滅するのである。

　以下に示したテクストの番号のうち、1は「豚を屠殺しなさい」、2は「皮を伸ばして皮袋を作りなさい」、3は「太い錐と細い糸でそれを縫いなさい」、4は「家畜や穀物の種などは入れずに（テクストによっては、入れなさいと指示する場合もある）」、5は「木の上にそれを結びなさい」というムルドゥアプのセリフを、それぞれ示す部分である。

【口語テクストＡ：No.48-50】
1. Chee, bbuq ddee mei kol zherq,
　　これ　豚　1　（頭）つぶす（助6）

　〈これ、豚を1頭つぶさせて〉

2.（省略により該当部分なし）

3.（該当部分なし）

4. Ei, bbuq ee rherddvqloq keel, kuaq gge chee ddeehebbei ddeewul
　　え　豚　皮　湿った-皮袋-(尾4)　入れる　悪い　(構4)　これ　全部　一緒に
eq keel seil,
(副8) 入れる (接2)

〈え、豚の湿った皮袋に入れて、悪いのは一緒に全部入れて、〉

5. teeggeeq meeltai dal der zherq,
　　彼-(複)　下-底　(副4)　結ぶ　(助6)
Toq negge bbiqkaggee dal der zherq maf,
松　(接6)　栗-(間)　(副4)　結ぶ　(助6)　(末1)

〈彼らには下に結ばせた。松と栗の間に結ばせたな。〉

【口語テクストB：p.146】

1. bbuq xi laq perq ddee mei kol,
　　豚　皮　手　白い　1　(頭) つぶす

〈前足の白い一頭の豚をつぶし、〉

2. bbuq ee sheel yerl ceelddvq daiq,
　　豚　皮　はぐ　(接5)　皮袋　引っ張る

〈豚の皮を剥いで張って皮袋を作り、〉

3. zul bbiu keeq ceeq zeiq bbei reeq,
　　錐　太い　糸　細い　使う　(構5)　縫う

〈太い錐と細い糸を使って縫い、〉

4. ddee siuq la ggumugv bul me niq, ddee siuq la ceelddvqloq keel
　　1　(種)　(副3)　体-(尾2)　持つ　(助11)　1　(種)　(副3)　皮袋-(尾3)　入れる
me niq.
(助11)

〈何も体に（身に付けて）持ってはいけない。何も皮袋に入れてはいけない。〉

5.（省略により該当部分なし）

先の3.4.で見た、ツォゼルグに対するアドバイスを述べたテクストに対し、ここに挙げた口語テクストAでは、2のような同一内容の繰り返しになる部分は省略され、1や4の叙述もかなり簡略化されている。またこれは一方で、ムルドゥアプのアドバイスのセリフそのものと言うよりは、次節に述べることになる、ツォゼルグの兄弟たちがアドバイスを実行に移す段階の記述に、一歩踏み込んだ語り方であり、その点でも記述の合理化が見られる。

口語テクストBでは、繰り返しになる5の部分が省略されている。もし、これらをもう一度繰り返すとすれば、口語テクストの語りとしては余りに冗長であると感じられるためと推察される。次に、この部分に対応する二つの経典テクストを示す。

【経典テクストⅠ：p.175】

1. bbuq sheeq ddee pul kol,
  豚　黄色い　1　(頭)つぶす

  〈黄色い一頭の豚をつぶし、〉

2. bbuq xi rherddvq daiq,
  豚　皮　湿った-皮袋　引っ張る

  〈豚の皮を張って湿った皮袋を作り、〉

3. zhul bbiu keeq ceeq reeq.
  錐　太い　糸　細い　縫う

  〈太い錐と細い糸で縫い、〉

5. shvlbberq shvl'erq zeiq, see bbaq to nieq pai,
  草-縄　　　草-縄　　使う　3　(本)　松　(上に)結ぶ

  see keeq bbeeq nieq pai, see keeq aiq nieq pai.
  3　(本)　栗　(上に)結ぶ　3　(本)　崖　(上に)結ぶ

  〈草の縄を使って、3本は松の木に結び、3本は栗の木に結び、3本は崖に結ぶ。〉

4. zheeqmei ggv siuq teiq nieq keel.
　　穀物-(物)　9　(種)　それ（上に）入れる

〈9種の穀物をそれに入れなさい。〉

【経典テクストD：p.42】

1. bboqmei kee perq kol,
　　豚-雌　足　白い　つぶす

〈白い足の雌豚をつぶし、〉

2. bboq ee gvddvq daiq.
　　豚　皮　皮袋　引っ張る

gvddvq rherddvq daiq, rherddvq salddvq daiq, fai ddaq.
　皮袋　湿った-皮袋　引っ張る　湿った-皮袋　空気-皮袋　引っ張る　（命令）（勧誘）

〈豚の皮を張って皮袋を作り、皮袋を張って湿った皮袋を作り、湿った皮袋を張って空気の入った皮袋を作りなさい。〉

3. zhol bbiuq keeq ceeq zeiq, salbbv sal'aiq zeiq,
　　錐　太い　糸　細い　使う　麻の糸　麻の縄　使う

〈太い錐と細い糸を使って、麻の糸と麻の縄を使って、〉

5. ni bbaq to nieq pai, ni bbaq bbeeq nieq pai.
　　2　(本)　松　(上に)　結ぶ　2　(本)　栗　(上に)　結ぶ

〈2本は松に結び、2本は栗に結び、〉

4. hai sheeq ceelto, hai sheeq keeni, ailzeq, gamei eemei neeqmei ggv
　　金　黄色い　子ヤギ　金　黄色い　子犬　ひよこ　良い-(物)　良い-(物)　家畜-(物)　9

qo, zheeqmei xi lerl hai sheeq ggaiq tal hai sheeq zeimaq,
　(種)　穀物-(物)　100　種　金　黄色い　長刀　鋭い　金　黄色い　火打ち金

cheewaq bbiuq nee ji fai ddaq.
　これら　外　(構3)　置く　(命令)（勧誘）

〈金のような黄色い子ヤギ、金のような黄色い子犬、ひよこ、良いもの、9種の家畜、100種の穀物、金のように黄色い鋭い刀と金のように黄色い火打

ち金、これらを外に置きなさい。〉

　この二つの経典テクストの音節数を記号で図示すれば、以下のようになる。

【経典テクストⅠ】
　1：〇〇〇〇〇,
　2：〇〇〇〇〇,
　3：〇〇〇〇〇,
　5：〇〇〇〇〇, 〇〇〇〇〇,
　　　〇〇〇〇〇, 〇〇〇〇〇,
　4：〇〇〇〇〇〇〇.

【経典テクストD】
　1：〇〇〇〇〇,
　2：〇〇〇〇〇,
　　　〇〇〇〇〇, 〇〇〇〇〇▲▲.
　3：〇〇〇〇〇, 〇〇〇〇〇,
　5：〇〇〇〇〇, 〇〇〇〇〇,
　4：〇〇〇〇, 〇〇〇〇, 〇〇, 〇〇〇〇〇〇〇〇,
　　　〇〇〇〇/〇〇〇〇/〇〇〇〇,
　　　〇〇〇〇〇〇〇.

　以上を、先の3.4.で見たそれぞれの経典テクストの音節構成（p.53）と比較すると、まず、経典テクストⅠでは、4と5が逆転し、4が7音節の1句に縮まっているが、それ以外は、3.4.で見たテクストと同一の形式を踏襲している。
　一方の経典テクストDでは、3.4.で見たテクストの形式的構成が保持され、たとえそれがほとんど同一内容であっても繰り返される。3.4.で見たテクストとの形式の違いは、1のはじめの▲▲が消え、2の一句目の▲▲が3句目の末尾に移動したことと、4の最後に二音節が追加されたこと（下線部分）であるが、全体的に見れば省略は少なく、形式をほとんどそのまま踏襲している。
　このように、経典テクストにおいては、対比される人物に対して行われたアドバイスの部分では、各句内部の単語を、ヤクを豚に入れ替えたり、コノテガ

シワを松に入れ替えたりするといった変化を加えながらも、その形式については ほとんどそのまま維持して繰り返していることが分かる。先に見たように、 口語テクストにおいては、そのような繰り返しは冗長に感じられるため省略や 合理化が行われるが、経典テクストにおいては、形式を重視してあえて繰り返 すことが文体の特徴となっていると考えられる。このような繰り返しの傾向は、 経典テクストの随所に見られるものである。

3.7. 繰り返しの傾向（2）―アドバイスとその実行における繰り返し

いくつかの経典テクストでは、より長い、一見して不要と思われるような繰り返しが出現することがある。以下では、「○○しなさい」というアドバイスのセリフと、そのアドバイスに従って実際に「○○した」という、実行に移す段階の記述において見られる経典テクストの繰り返しについて、口語テクストと比較しながら検討する。

ナシ族の洪水神話では、3.4.と3.6.で述べた、ツォゼルグとその兄弟たちに対するムルドゥアプのそれぞれのアドバイスの後に、ツォゼルグとその兄弟たちがそれを実際の行動に移すくだりが述べられる。口語テクストAにおいては、このような実行の段階は冗長を避けて省略して述べられる一方、先に挙げた11種の経典テクストのうち、D、E、H、I、L、Mの6種のテクストでは、多少の順序の逆転などはあるものの、先のアドバイスの部分をもとに、わずかに導入や最後の部分を変えただけで、テクスト自体をほとんどそのまま繰り返している。しかも後に述べるように、経典テクストDにおいては、経典の文字テクストとしてはこの部分を再び繰り返して書くことはせず、経典朗誦体の読音だけを、数段戻って読み直すということも行われている。ただし、残りの5種類のテクスト（そのうち、FとJは文字テクストが同一であるため、実際には4種類）では、このような繰り返しは見られない。以下に、この部分の口語テクストの語り方と、繰り返しが見られるIとDの経典テクストを示して比較することにする。

【口語テクストA：No.49-50】

（ツォゼルグについての実行の描写はなく、兄弟たちの実行についてのみ語られる。）

第3章　ナシ族宗教経典の音声言語　　63

Ei, bbuq ee rherddvqloq keel, kuaq gge chee ddeehebbei ddeewul
え　豚　皮　湿った-皮袋(尾3)　入れる　悪い　(構4)　湿った　　全部　　　一緒に

eq keel seil,
(副8) 入れる (接2)

〈え、豚の湿った皮袋に入れて、悪いのは一緒に全部入れて、〉

teeggeeq meeltai dal der zherq,
　彼-(複)　　下-底　(副4) 結ぶ (助6)

Toq negge bbiqkaggee dal der zherq maf,
松　(接6)　　栗-(間)　　(副4) 結ぶ (助6) (末1)

〈彼らには下に結ばせた。松と栗の間に結ばせたな。〉

【口語テクストB：p.146】
Leel'ee gge bbvqsseeq neiqggumei chee hual eneiq meq gua
ルグ　(構4)　兄弟　　　姉妹　　　これ　(群)　誰　(副1)　[曾][149]

ellomul　nee sel bbeiq bbei.
お爺さん-老いた (構1) 言う (構5)　する

〈ルグのこれらの兄弟姉妹は、誰もがお爺さんの言う通りにした。〉

　口語テクストAでは、まずツォゼルグに関しては、アドバイスの実行に関する描写は見られず省略されている。そして上に挙げた部分は、大洪水で死滅することになるツォゼルグの兄弟たちがアドバイスを実行に移した段階に対する描写であり、先に、対比される人物における繰り返しとして挙げたものとほぼ同一の部分である。従ってこの部分は、本来、アドバイス自体は描写されていないとも言える。しかし、この実行の描写によってアドバイスの内容は自然と理解されるようになっているので、ムルドゥアプのアドバイスとその実行の段階が、ほとんど一体となっていると見てもよい。いずれにせよ、この部分では、同じような言葉を用いてそれを繰り返すような描写の仕方は取られておらず、記述が合理化されていると言える。

---

[149]　漢語：(否定形で)「…にかかわらず」。

一方の口語テクストBでは、ツォゼルグとその兄弟たちの全てについて、「皆が老人の言う通りにした」と関連する人物全員をひとまとめにして、さらに簡潔に述べられている。やはり繰り返しは見られず、より記述の合理化が進んでいる。

　一方、この部分の経典テクストでは、アドバイスとその実行の描写では、多少の異同はあるものの、さほど大きな省略は起こらない。以下では、この部分の経典テクストの例を示し、アドバイスとその実行の描写を比較して明らかになった両者が食い違う部分について、下線や記号を付して表した。下線や記号の意味についてはそれぞれのテクストの後に述べる。

【経典テクストⅠ：pp.175-176】
[ツォゼルグに対するアドバイス(本書3.4.)が、実行に移される段階の記述]

　　Coqssei' leel' eesso, dduq gge ko lei mi, bberq shual la perq kol,
　　　ツォゼルグ-男　　　　ドゥ　(構4)　声 (構9) 聞く　　ヤク　去勢した　手　白い　つぶす
　　〈ツォゼルグは、ドゥ神の話を聞いて、白い前足の去勢したヤクをつぶし、〉

　　bberq xi rherddvq daiq, zhul ceeq keeq bbiu reeq.
　　　ヤク　皮　湿った-皮袋　引っ張る　錐　細い　糸　太い　縫う
　　〈ヤクの皮を張って湿った皮袋を作り、細い錐と太い糸で縫い、〉

　　neemei ggvl cv teiq nieq keel[①], zheeqmei xi lerl teiq nieq keel,
　　　家畜-(物)　9　(種)　これ (上に) 入れる　穀物-(物) 100 種子　これ (上に) 入れる
　　〈9種の家畜をこれに入れ、100種の穀物をこれに入れ、〉

　　haiq ceelto yi teiq nieq keel, haiq aiqzeef yi teiq nieq keel,
　　　金　子ヤギ (構10) それ (上に) 入れる　金　ひよこ (構10) それ (上に) 入れる
　　haiq keenil yi teiq nieq keel, hai sheeq rerbbei teiq nieq keel[②],
　　　金　子犬 (構10) それ (上に) 入れる　金　黄色　ナイフ　それ (上に) 入れる
　　haiq sheeq zeimaq teiq nieq keel,
　　　金　黄色　火打ち金　それ (上に) 入れる
　　〈金の子ヤギはそれに入れ、金のひよこはそれに入れ、金の子犬はそれに入れ、金のように黄色いナイフをそれに入れ、金のように黄色い火打ち金を

それに入れ、〉

shubberq shu'erq zeiq, see keeq　　xuljerq　　pai,
　鉄-縄　　鉄-縄　　使う　3　（本）コノテガシワ-(方向)　結ぶ

see keeq lee nieq pai,〔……………………………〕
3　（本）　モミ（上に）結ぶ

〈鉄の縄を使って、3本はコノテガシワの木に結び、3本はモミの木に結ぶ。〉

　ここに示したテクストでは、斜体を用いて示した、ツォゼルグがムルドゥアプのアドバイスを実際に実行したことを示す記述としての、「ツォゼルグはドゥ神の話を聞いて」という部分を除けば、3.4.に示したアドバイスの部分におけるテクストと異なる部分は、それほど多くはない。両者が異なるのは、以下の部分である。
　まず、単語のレベルでは、3.4.に示したアドバイスの部分における「"ee"(皮)」、「"bbaq"(量詞：…本)」、「"nieq"(…の上に)」が、ここではほぼ同義語の「"xi"(皮)」、「"keeq"(原義は糸、量詞：…本)」、「"jerq"(…の方向に)」に、それぞれ入れ替わっている（いずれも下線で示した部分）。
　次に、句のレベルでは、〔……〕で示した部分が、繰り返しの中で省略が起こった個所である。アドバイスのテクストと比べて、1句が省略されている。しかし一方では、＿＿を付した2句（①、②）は、アドバイスの部分のテクストには見られず、このテクストで新たに加わった部分である。また、①の直後の句では、①が7音節であることに影響されて、もともと5音節であった句に「"teiq nieq"(これに)」という言葉が加わり、7音節になっている（破線で示した部分）。次に、大洪水で死滅することになるツォゼルグの兄弟たちに対するアドバイスが、実行に移される段階の記述を見ることにする。

［ツォゼルグの兄弟たちに対するアドバイス（本書3.6.）が実行に移される段階の記述］

Leel'eekogguq, Koji ni gvl　la, bbu sheeq ddee mei kol,
　ルグ-悪い-ゴ　　コチ　2 （人）（副3） 豚　黄色い　1　（頭）つぶす

〈ルグコゴとコチの二人も[150]、黄色い一頭の豚をつぶし、〉

bbuq ee rherddvq sheel, zhul bbiu keeq ceeq reeq.
豚　皮　湿った-皮袋　　　剥ぎ　錐　太い　糸　細い　縫う
〈豚の皮を湿った皮袋のために剥ぎ、太い錐と細い糸で縫い、〉

neeqmei ggvl cv,[③] **zheeqmei xi lerl kuaqmei teiq nieq keel.**[④]
家畜-(物)　9　(種)　　穀物-(物)　100 種　悪い-(物)　これ　(上に)　入れる
〈9種の家畜を、100種の穀物の悪い物をこれに入れ、〉

shvlbberq shvl'erq zeiq, see keeq to nieq pai, see keeq bbeeq nieq
草-縄　　　草-縄　　　使う　3　(本)　松　(上に)　結ぶ　3　(本)　栗　(上に)
pai,〔……………………………………〕,〔　　　　　　　　　　　　　　〕[⑤]
結ぶ
〈草の縄を使って、3本は松の木に結び、3本は栗の木に結んだ。〉

　ここでは、斜体を用いて示した、ツォゼルグの兄弟たちがムルドゥアプのアドバイスを実際に実行したことを示す記述である、「ルグコゴとコチの二人も」という部分を除けば、3.6.に示したアドバイスの部分におけるテクストと異なる部分は、やはり多くはない。
　単語のレベルでは、アドバイスの部分で「"pul"（量詞：…頭）」、「"xi"（皮）」、「"bbaq"（量詞：…本）」であったものが、ほぼ同義語の「"mei"（量詞：…匹）」、「"ee"（皮）」、「"keeq"（原義は糸、量詞：…本）」にそれぞれ入れ替わっている。また、「"daiq"（引っ張る）」が「"sheel"（剥ぐ）」という意味の異なる単語に入れ替わっているところがあるが、このようなはっきりと意味の異なる語への入れ替わりは、わずかに一箇所だけである（以上はいずれも下線で示した部分）。
　次に句のレベルで見ると、〔……〕で示した部分で、1句の省略が起こっている一方、　　　　を付した③の1句は、アドバイスの部分のテクストには見られず、このテクストで新たに加わった部分である。
　また、太字で示した④の部分は、もともと⑤の部分にあった「"zheeqmei

150　他の経典とは人物の名前にかなりの違いが見られるが、ここではこのテクストに従って訳した。

ggv siuq teiq nieq keel"（9種の穀物をこれに入れる）」という句が、「"zheeqmei xi lerl kuaqmei teiq nieq keel"（100種の穀物の悪い物をこれに入れ）」とやや長く変わってこの位置に移動しているものである。

以上に見たように、経典テクストIにおけるアドバイスとその実行においては、一方では句の省略が起こっているが、他方では句の追加も行われており、結果的には実行の段階の叙述の方がむしろ長くなっていることが分かる。また、単語レベルでの異同も、ほとんどが同義語を用いた入れ替えであり、それほど大きな違いではない。

次に、これとはやや違った経典テクストDの場合を見ることにする。

【経典テクストD：p.43注1部分】
［ツォゼルグに対するアドバイス（本書3.4.）が、実行に移される段階の記述］

Lee'ee'eeggv nee, eipv chee shel kua lei mi,〔………〕
　ルグ-良い-グ　（構1）　長老　これ　言う　声　（構9）聞く
〈良いルグは、長老のこの言葉を聞き、〉

bberq shual laq perq kol, bberq ee gvddvq daiq,〔………〕
　ヤク　去勢した　手　白い　屠殺する　ヤク　皮　皮袋　引っ張る
〈白い前足の去勢したヤクをつぶし、張ってヤクの皮を皮袋を作り、〉

gvddvq rherddvq daiq, rherddvq salddvq daiq,
　皮袋　湿った-皮袋　引っ張る　湿った-皮袋　空気-皮袋　引っ張る
〈皮袋を張って湿った皮袋を作り、湿った皮袋を張って空気の入った皮袋を作り、〉

zhol ceeq keeq bbiu zeiq, xibbv xi'aiq zeiq,
　錐　細い　糸　太い　使う　皮の糸　皮の縄　使う
〈細い錐と太い糸を使って、皮の糸と皮の縄を使って、〉

seel bbaq xol nieq pai, seel bbaq lee nieq pai.
　3　（本）コノテガシワ（上に）結ぶ　3　（本）モミ（上に）結ぶ
〈3本はコノテガシワの木に結び、3本はモミの木に結び、〉

gamei eemei neeqmei ggv qo, zheeqmei xi lerl,①
良い-(物) 良い-(物) 家畜-(物) 9 (種) 穀物-(物) 100 種

hai sheeq ceelto, hai sheeq keeni, ailzeq, 〔　　　　　　　　　　〕②
金　黄色い　　子ヤギ　　金　黄色い　　子犬　　　ひよこ

hai sheeq zeimaq, hai sheeq ggaiq tal, kvq nee *keel lei ji.*
金　黄色い　火打ち金　　金　黄色い　　刀　　鋭い　中(構3) 入れる(構9) 置く

〈良いもの、9種の家畜、100種の穀物、金のような黄色い子ヤギ、金のような黄色い子犬、ひよこ、金のように黄色い火打ち金と金のように黄色い鋭い刀を、中に入れた。〉

［ツォゼルグの兄弟たちに対するアドバイス(本書3.6.)が実行に移される段階の記述］

Leel'eekuaqggv nee Leel'eejiqggv tee, eipv chee shel kua lei mi,
ルグ-悪い-グ　(接6)　ルグ-小さい-グ　それ　長老　これ　言う　声(構9) 聞く

〈悪いルグと小さいルグは、長老のこの言葉を聞き、〉

bboqmei kee perq kol, bboq ee gvddvq daiq.
豚-雌　　足　白い　つぶす　豚　皮　　皮袋　引っ張る

〈白い足の雌豚をつぶし、豚の皮を張って皮袋を作り、〉

gvddvq rherddvq daiq, rherddvq salddvq daiq, 〔………〕
皮袋　湿った-皮袋　引っ張る　湿った-皮袋　空気-皮袋　引っ張る

〈皮袋を張って湿った皮袋を作り、湿った皮袋を張って空気の入った皮袋を作り、〉

zhol bbiuq keeq ceeq zeiq, salbbv sal'aiq zeiq,
錐　　太い　　糸　細い　使う　麻の糸　麻の縄　使う

〈太い錐と細い糸を使って、麻の糸と麻の縄を使って、〉

ni bbaq to nieq pai, ni bbaq bbeeq nieq pai.
2 (本)　松 (上に) 結ぶ　2 (本)　栗　(上に) 結ぶ

〈2本は松の木に結び、2本は栗の木に結び、〉

hai sheeq ceelto, hai sheeq keeni, ailzeq, gamei eemei neeqmei ggv
金　黄色い　子ヤギ　金　黄色い　子犬　ひよこ　良い-(物)　良い-(物)　家畜-(物)　9

qo, zheeqmei xi lerl hai sheeq ggaiq tal hai sheeq zeimaq, cheewaq
(種)　穀物-(物)　100 種　金　黄色い　刀　鋭い　金　黄色い　火打ち金　これら

bbiuq nee *zhail lei ji.*
外　(構3)　置く (構9) 置く

〈金のような黄色い子ヤギ、金のような黄色い子犬、ひよこ、良いもの、9種の家畜、100種の穀物、金のように黄色い鋭い刀と金のように黄色い火打ち金、これらを外に置いた。〉

　ここに見る経典テクストDでは、アドバイスとその実行においては、さらにそのまま叙述を繰り返す傾向が強くなっている。斜体で示した、アドバイスを実際に実行したことを示す記述(「……は、長老の言葉を聞き」など)以外では、相違は次の二点だけである。まず、三箇所の〔……〕で示した部分で、命令文であることを示す助詞など(ともに二音節)が消えており、また、①の部分の2句が、アドバイスのテクストでは②の位置にあったものが、わずかに前に移動している。しかし、これ以外では、語彙レベルの相違も全く見られず、ほとんどの部分では、先に示したテクストが、そのまま繰り返されていることが分かる。
　李霖燦は、ここで示した繰り返しが、文字テクストには現れないものであることから、この部分の経典朗誦体のテクストのみを注で示し、この現象について、「理屈から言えば、経典の中で象形文字でもう一度書くべきものであり、これは祭司らが怠けたことによる省略法である」と述べている[151]。この李霖燦の言及は、あまりの執拗な繰り返しに、経典を書くトンバが、文字としてもう一度繰り返すことが面倒になったのであろう、という見方を示すものであり、本当に怠けたために省略したのか、あるいはテクストの伝承の過程で欠落したのかは分からないが、この種の繰り返しが確かに冗長なものであることがうかがえる。また、ここで繰り返される部分は、対応する文字がもはや完全に存在しない部分であり、この点からは、文字以上の経典朗誦体の重要性もうかがえ

---

[151]　李霖燦・和才 1978, p.43 注 1 。

る。

　3.4.で見たツォゼルグに対する正しいアドバイスをX、3.6.で見たツォゼルグの兄弟たちに対する偽りのアドバイスをYとし、保存されて繰り返される形式を〔　〕で示し、ここで見たアドバイスに対する実行をアポストロフィーで示し、経典テクストⅠや経典テクストDなどの、これらの繰り返しの見られる経典テクストの叙述の流れを図式化すれば、以下のようになる。

$$〔X〕→〔Y〕→〔X'〕→〔Y'〕$$

　結果として、これらの経典テクストでは、〔　〕で示された形式は、計四回も繰り返されていることになる。総じて、経典朗誦体では、このような繰り返しの傾向のために、経典テクスト全体では極度に長編化する傾向が見られる。これに対し、口語テクストにおけるこの部分の記述を、やはり同じように記号で図式化するとすれば、以下のようになる。

$$〔X〕→〈Y〉→X'Y'$$

　口語テクストでは、Yの部分ですでに形式は変容しており、アドバイスに対する実行の部分に至っては、簡潔にまとめて描写されるだけである。このような口語テクストに比べると、経典テクストでは形式を繰り返すことの方に重点が置かれ、形式の重要度が、内容の重要度に先行しているものと考えられる。

第 4 章　経典朗誦体に見られる諸特徴

　本章では、前章で明らかになったナシ族宗教経典の音声言語の性質を基礎とした、ナシ族宗教経典の経典朗誦体に見られるいくつかの特徴について、前章に引き続き、ナシ族の洪水神話のテクストなどを用いて述べる。

4.1.　特有の語彙

　これまでの研究では、経典朗誦体には現代のナシ語の口語では用いられない特有の語彙があるとされている。以下は、ナシ族の洪水神話の中で、ツォゼルグがツェフボバに連れられて天に上り、ジラアプの家の隅に隠れると、ジラアプがその気配を察して刀を研ぎ、ツォゼルグを殺そうとする場面の口語テクストと経典テクストの例である。

【口語テクストB：p.153】
Zzee'laq'epv nee　jif neeq me　tal　bbei bbaq: "Ddiuqloq gge xi ngaf
　ジラ-長老　（構1）怒る　（態3）（副1）（助2）（構5）　叫ぶ　　地-(尾3)（構4）人　私の

yagoq tv,　xai!"
　家　　着く（末3）

〈ジラアプは、ひどく怒って叫んだ。「地上の人間がわしの家に来た！」〉

【経典テクストD：p.49】
zzi rher coq sal lei　nvf ceeq. zzi siul coq siul bbee mvq zeel.
　人　臭い　人　息（副6）臭う　来た　人　殺す　人　殺す（態2）（末1）（末5）

〈人の臭い、人の息が臭ってきた。人を殺す、人を殺すんだ、と。〉

　口語テクストBでは、「人」という意味で"xi"という語が用いられており、これは、現在の口語では極めて一般的な単語である。一方の経典テクストでは、

これに対応するものとして、"zzi" と "coq" という語が用いられている。これらも、共に「人」という意味に解釈されているが、現在の口語では用いられない経典特有の語彙であるとされる。"zzi" は、経典朗誦体やナシ族の民謡に残っている語彙とされ、"zzi" から "xi"[152]に至る歴史的な音韻変化についても考証されている[153]。また、"coq" に関しては、四川省涼山のイ（彝）語における[tsʰo³³]（人）のように、これと同型の語が周辺民族の言語にあることが指摘されており、これが、中国の学者がトンバ経典には「古語」が残っている[154]、と考える一つの根拠となっている。ここでの「古語」という見方の基礎にあるのは、チベット・ビルマ語派が分化する以前の祖語の特徴がナシ族宗教経典に残されているという考え方である。これまでの中国の学者による研究では、「古語」はナシ族宗教経典の「古さ」を示す証拠として大きく取り上げられてきた。しかし一方で、これらは近隣民族の言語からの同時代的な借用語であるという可能性も排除できない。

　ここで、経典テクストDの経典朗誦体としての形式的な特徴に着目すると、この部分は【A○B○／○○○，A○B○／○○○】（A = zzi、B = coq）という一句7音節の形式を構成しており、この場合は「A○B○」という形式として、"zzi" と "coq" とを並列して当てはめた文飾と見ることもできる。ちなみに、口語テクストAの該当部分には、ここで問題となっている「人」という単語が見られないのでここでは省略した。

　ところで、李霖燦によるトンバ文字の辞典である『麼些象形文字字典』には、計2120字の文字が収録されている。このうち、李霖燦が付した番号の1629番から1710番までの82字は、一部の地域の特殊な文字と、チベット経典の発音を記すのに用いる特殊な文字であるので除外するとしても、合計2038字ものトンバ文字が収録されている（ただし、この中にはかなり長い複合語や固有名詞も含まれている）。李霖燦は、これらの文字の中で、現代のナシ語には見られない発音がある場合には、それを「古音」や「経典の言語（"経語"）」として注記している。

---

[152] 発音は、[ɕi³³]または[çi³³]。
[153] 和即仁 1980, p.52。
[154] 和志武 1983, p.212。

第4章 経典朗誦体に見られる諸特徴

　これらの李霖燦による「古音」あるいは「経典の言語」を一覧表にまとめると、以下のようになる。ただし、李霖燦が「古音」や「経典の言語」であるとしていても、現代のナシ語にも大きく関連する語彙が見られる場合には、これを除いてある（これらに関する個々の処理については［個別の注記］に記した）。また、表記は現在のＩＰＡに合わせて適宜修正した所がある。

番号	意味	「古音」	李による現代音
22	太陽	bi³³	ɲi³³mɛ³³
43	月	lɛ¹¹	hɛ³³mɛ³³
112	虹	kɤ⁵⁵	mi³³ɕi⁵⁵ʂɯ³³æ¹¹など
510, 806	人	tsʰo¹¹	ɕi³³
576	目	ɲʌ¹¹	miʌ¹¹
606	銜える	po³³	mbo¹¹
687	飛ぶ	ndzi¹¹	mbi¹¹
820	馬	ŋgo¹¹	ʐwɑ³³
820	馬	tʂʰɤ³³	ʐwɑ³³
830	牛	mo¹¹	ɯ³³
830	牛	lɛ⁵⁵	ɯ³³
962	葉	tsʰɛ⁵⁵	pʰiʌ⁵⁵
1177	秤	so³³	tɕi¹¹
1233	縄	buɹ¹¹	æ¹¹
1247	鞭	pɛ³³li⁵⁵pɛ³³ tsʰo⁵⁵	mæ³³dzʅo³³, mo³³pi¹¹
1265	木の小皿	dɛ³³	ŋgæ¹¹bɛ³³
1348	炒める鍋	gv³³	hɯ⁵⁵lɑ¹¹
1388	衣服	dʑi³³	bɑ³³lɑ¹¹
1401	巻き付く	ndɤ¹¹	nɯ⁵⁵
1454	刀	ŋgæ¹¹	ʐur³³, dɑ⁵⁵pʰiʌ¹¹
1481	斧	tsɛ⁵⁵tʰɑ⁵⁵	lɑ¹¹mbɛ³³
1901	トンバ	py³³mbv¹¹	to³³mbɑ¹¹

［個別の注記］
1.「古音」が、複合語の一部となっている場合は除いてある。

2. 472番の?ɛ³³sɯ¹¹(父)は、現在ではあまり使われないが理解はされる、と記述されているので除く。
3. 627番のla¹¹mbæ³³tʂʌɹ⁵⁵(現代音はla¹¹mɯ⁵⁵tɤ³³、腕(手から肘))については、現代のナシ語でも、la¹¹は手であり、mbæ³³tʂʌɹ⁵⁵は一節のサトウキビという意味で用いられる語なので除く。
4. 977番のzˌɤ⁵⁵(現代音はzˌɤ⁵⁵hæ¹¹、ハコヤナギ)は、現代のナシ語でも同様の意味を持つので除く。現代音との違いはhæ¹¹(緑)という語が加わっただけである。
5. 1052番では、カブndʐo³³を古音、?ɛ³³kʰɯ¹¹を現代音とするが、これらはいずれも現代のナシ語でも使われているので除く[155]。
6. 1166番に見られるtʰɛ⁵⁵ ɲi³³ ŋgɤ³³(…のようだ)は経典の言語であるとしているが、これも現代のナシ語でも解釈可能なものなので除く。
7. 1201番のkɤ⁵⁵dɤ¹¹(現代音はpʰɤ³³sɛ¹¹、ふいご)は、1202番のkɤ⁵⁵dɤ¹¹(皮のふいご)と同一であり、こちらは特に古音とは記されていないので除く。
8. 1481番のmbɛ³³mbɛ³³(現代音はla¹¹mbɛ³³、斧)は、現代音「la¹¹(手)-mbɛ³³(斧)」の斧の部分を繰り返しただけであり、両者の開きが少ないので除く。
9. 1502番のrɯ³³pɤ³³(現代音はpʰi³³ta¹¹、矢入れ)は、現代のナシ語のlɯ³³-mɛ³³(弓)やlɯ³³-sɯ³³(矢)と、lɯ³³という形態素が共通し、現代のナシ語とも大きく関連するので除く。
10. 1177番のso³³(秤)については、李霖燦は北地(白地)一帯では「大秤」をso³³dɯ¹¹(dɯ¹¹=大きい)と言うので、so³³が「秤」という文字の古い読み方だとしている。

和志武 1983と和志武 1989の中では、このような「古音」とナシ語東部方言やイ語との関連が指摘されている[156]。それらの指摘を踏まえた上で、「古音」をこれまでに公表されているチベット・ビルマ系の言語や方言における語彙と比較し、発音が近似すると思われるものをまとめると以下のようになる。

---

[155] Pinson 1998, p.27, 53.
[156] 和志武 1983, pp.212-214; 1989, pp.155-156。

第4章　経典朗誦体に見られる諸特徴　　75

　以下では、言語名は典拠資料での漢字の表記をそのまま用い(ただし、ナシ語東部方言については「モソ」と記した。)、地域・方言名には始めに省名を略記して加えた(「四」＝四川、「雲」＝雲南)。頁の欄は、A：戴慶厦・黄布凡 1992、B：藏緬語語音和詞彙編写組 1991、C：雲南省地方誌編纂委員会 1998における、それぞれのページ数を示す。

番号	意味	「古音」	周辺言語(省：地域・方言)	頁
22	太陽	bi³³	by⁵⁵ 普米語(雲：蘭坪) bi³⁵ 普米語(四：九龍) bʉ⁵³ 普米語(四：桃巴)	A:1 B:372 C:651
43	月	le¹¹	lɛ³⁵nɯ³⁵, le³³nə⁵³ 木雅語(四：康定) lɛ̃³⁵ma³¹ 波拉語(雲：德宏) ɬe³³mi³³ モソ語	A:2 B:373 C:652
510, 806	人	tsʰo¹¹	tsʰo³³ 彝語(四：喜徳)(雲：撒尼語) tsʰuo³¹ 納木義語(四：木里) tsʰo⁵⁵ 哈尼語(雲：緑春) tsʰo³³ 嘎卓語(雲：通海の蒙古族)	A:56 B:659 C:820
576	目	ɲʌ¹¹	ɲɛ⁵³ 普米語(四：桃巴) ɲə³⁵ 普米語(四：九龍) ɲa³⁵ 貴琼語(四：康定) ɲɔ³³dzɿ²¹ 彝語(四：喜徳) ɲa³¹lɣ⁵⁵ モソ語	A:27 B:608 C:791
687	飛ぶ	ndzi¹¹	dze²⁴¹ 羌語(四：桃坪) dzi³³ 彝語(四：喜徳) dze¹³ モソ語	A:440 B:782 C:1161
830	牛	lɛ⁵⁵	lɯ³³ 彝語(四：喜徳) lo²¹ 彝語(雲：弥勒) lu³³ 彝語(雲：武定)	A:85 B:479 C:708
962	葉	tsʰɛ⁵⁵	tɕʰi⁴⁴⁽³⁴⁾ tɕʰi³³ 彝語(四：喜徳) tsʰɿ³³tsʰɿ⁵⁵⁽⁵³⁾ 納木義語(四：木里) tsʰe³¹tsʰe¹³, tsʰə³¹tsʰə¹³ モソ語	A:126 B:594 C:784
1233	縄	buɹ¹¹	baɹ³⁵ 呂蘇語(四：木里) ba¹³⁽³³⁾ モソ語 b(ɹ)ɿ̃⁵lɕ̃⁵ɹ³⁵ 怒語(雲：碧江)	A:619 B:792 C:901

1265	木の小皿	dɛ³³	de⁵⁵re⁵³ 藏語(四：巴塘)	A:185
			dɛ⁵⁵mɛ⁵⁵, dɐ³³mɐ⁵³ 木雅語(四：康定)	B:819
			di³⁵ 普米語(四：桃巴)	C:917
1348	炒める鍋	gv³³	ngʊ⁵⁵ 扎坝語(四：甘孜)	A:182
			ŋguɯ³⁵ 木雅(四：康定)	B:811
1388	衣服	dʑi³³	dʑi ba 道孚語(四：甘孜)	A:156
1481	斧	tsɛ⁵⁵tʰɑ⁵⁵	tsʰe⁵⁵ 却域語(四：新龍)	A:202
			tse⁵³, tsa¹³ 扎巴語(四：道孚)	B:778
			tsʰe⁵⁵tsu⁵⁵ 哈尼語(雲：碧卡)	C:891
			tse³⁵tse³³ 拉祜語(雲：瀾滄)	
1901	トンバ	py³³mbv¹¹	ピモ：pi³³mo³⁴ 彝語(四：喜徳)[157]	

　このように、ナシ族宗教経典における「古音」の一部と、四川省や雲南省に広範に分布する同系の言語や方言との間には、一定の関係が存在することが見て取れる。ただし、これらはいずれも現在の周辺の諸言語との関係であり、これだけで「古音」が本当に古いものである理由にはならないことも注意すべきである。

　また、ここに挙げたもの以外で、和志武が上掲の二つの論文で「古音」として挙げているものには、layeq(カラス)、bbaiq(走る)、we(村)、jjeq(良い)、ddakeq(太鼓)、ree(道)、zzibbeq(コウモリ)、zzeiq(飯)、elniq(猫)、hoq(羊を追う)、jil(恐れる)、dal(言う)、ssi(美しい)、rhv(災難)がある(表記は、現行のナシ語ピンイン方式の表記に変更した)。

　しかし全体的に見ると、李霖燦が収録した全体の字数において考えた場合、これらの「古音」の総数は、決して多いとは言えない。従って、ナシ族宗教経典の中にはナシ語の古語が大量に含まれていると単純に考えるのは適切な見方ではない。また、和志武が挙げている経典の語彙のうち、layeq(カラス)、we(村)、jjeq(良い)、zzeiq(飯)、jil(恐れる)、dal(言う)、ssi(美しい)については、トンバ教とは関連の薄いナシ族の民謡の中にも見られ[158]、それが古音であ

---

[157] 四川省民族語文工作辦公室 1990, p.7。また、biubbvqとイ族のピモやチベットのボンポの関連についての考察として、李国文 1993, pp.2-10がある。

るか現代音であるかという境界は、語彙によっては曖昧なこともある。

　以上を総合すれば、これらの特殊な語彙は、これまでの研究においてはナシ語の「古語」と考えられてきたが、必ずしもそれが古いという確証があるわけではない。また、経典全体の中における使用頻度は必ずしも高くはなく、ナシ族宗教経典の経典朗誦体にはこれらの特殊な語彙が混入しているという程度であるが、その半数が周辺の同系諸言語・方言に関連を持つという特徴がある。

4.2.　文法的変形

　経典朗誦体においては、口語テクストにはあまり見られない、やや特殊な文法的特徴が見られるとされている。和志武は、このような文法的特徴をいくつかの項目に分けて示した上で、先に述べた語彙の問題と同様に、これをナシ族宗教経典の古さを示すものと見ている[159]。和志武が示す文法的特徴は、以下のようにまとめられる。

1.　現代の口語と異なる重ね型の用法
　　経典では、動詞の重ね型が疑問を表すという口語にはない用法がある。また、名詞や動詞の重ね型には現代の口語とはやや違った用法を示すものがある。
2.　量詞の省略
　　経典では、文の中で数量を表す時、数詞だけを用いて量詞を省略することがある。
3.　量詞として使われる名詞
　　量詞として使われる名詞には、現代の口語にはない用法のものがある。
4.　否定副詞の"teiq"
　　経典には、現代の口語にはない否定を表す副詞の"teiq"がある（現代の口語では、否定の副詞には"me"が使われる）。ナシ語の東部方言や、周辺民族の言語であるイ（彝）語、リス（傈僳）語、ハニ（哈尼）語に、これとよく似たものが見出せる。

---

[158]　和志武 1995, p.190, 11, 48, 323, 60, 184, 63にそれぞれの用例が見られる。
[159]　和志武 1983, pp.217-220; 1989, pp.157-159。

5.　修飾語と被修飾語の語順
　　経典では、修飾語と被修飾語の語順が現代語とは逆になるものがある。

　以上の指摘を踏まえて、以下ではこれらと関連する文法現象について、口語テクストと経典テクストを比較しながら検討する。
　ナシ族の洪水神話では、ツォゼルグはツェフボバの手引きで天に上り、ジラアプの家の中に隠れる。しかし、放牧から帰宅したジラアプはその気配を嗅ぎつけ、ツォゼルグを殺すために刀を研ぐ。それを見たツェフボバは、「どうして刀を研ぐのですか？」とジラアプに問う。以下に示すのはそのセリフである。

【口語テクストA：No.116】
　Epv, wel, ggaiq si ezeebbei dal si, ggaiq caq ezeebbei dal caq,
　お爺様　あなた　長刀　研ぐ　何-(構5)　(副4)　磨ぐ　長刀　〔擦〕　何-(構5)　(副4)　〔擦〕
　〈お爺様、あなたは、刀を研ぐのはどうしたのです？　刀を擦るのはどうして擦るのです？〉

【口語テクストB：p.153】
　eddi!, ngvl ezeebbei yerl sseetei see, lei ?
　お父さん！　あなた　何-(構5)　(接5)　ナイフ　研ぐ　(末10)
　〈お父さん、あなたはどうしてナイフを研ぐのです？〉

【経典テクストD：p.49】
　leilzheq eiseeq ol, ggaiq see siuq see ggaiq caq siuq caq zeel ?
　尊敬する　父　あなた　長刀　研ぐ　(疑)　研ぐ　長刀　〔擦〕　(疑)　〔擦〕　(末5)
　〈尊敬するお父様、あなたが刀を研ぐのはなぜ研ぐのです？、刀を擦るのはなぜ擦るのです？、と。〉

【経典テクストE：p.202】
　aseeq ggaiq see siuq see zeel, ggaiq caq siuq caq zeel ?
　父　長刀　研ぐ　(疑)　研ぐ　(末5)　長刀　〔擦〕　(疑)　〔擦〕　(末5)
　〈お父様、刀を研ぐのはなぜ研ぐのです？、刀を擦るのはなぜ擦るのです？、と。〉

第 4 章 経典朗誦体に見られる諸特徴　　79

　ナシ語の口語では、理由を問う疑問文の場合には、AやBの口語テクストに見られるように、「"ezee-bbei"（なぜ）」を用いるのが普通である。"ezee"は「何」を意味し、"bbei"は副詞性修飾語を動詞に接続する構造助詞である。また、疑問詞の"seiq"を用いて聞く方法もあるが、その場合でも構造助詞の"bbei"を用いて、「"seiq-bbei"（どのように）」となることが多く、経典テクストのような、"ggaiq see siuq see"、"ggaiq caq siuq caq"という［目的語＋動詞＋"siuq"＋動詞］の形式は、文法的には口語ではあまり一般的なものではない（なお、"siuq"と"seiq"はほぼ同じ語である）。

　ところで、この部分の経典テクストでの音節の構成について、刀をA、疑問詞をB、二つの動詞を○と●、その他の成分を▲や△で表せば、経典テクストDでは【▲▲▲▲▲，A○B○　A●B●　△】、経典テクストEでは【▲▲　A○B○△，A●B●　△】のように表すことができ、ともにその中心部では、4音節の韻律的構成［A○B○　A●B●］を形成していることが分かる。この点に着目すれば、経典テクストでの言い回しは、4音節の韻律的構成［A○B○　A●B●］に当てはめるための文法的な変形と捉えることができる。これは、構造助詞などを省き、目的語と疑問詞と動詞だけを組み合わせた文法的な短縮形である。このような場合、経典朗誦体では、これまでに述べた音節数の固定傾向や、繰り返しにおける形式の優先により、口語で一般的な文法的特徴が変形を加えられ、文法的な「破格」を形成していると見ることができる。

　ただし、経典テクストでは、このような文法的特徴がどの部分にも一貫して見られるというわけではない。次の例は、大洪水で生き残ったツォゼルグが、皮袋に入れた羊や鶏や犬とともに漂流し大きな山にたどりついた場面で、皮袋から出た羊や鶏や犬が鳴くのを聞き、ツォゼルグがそれぞれに「なぜ鳴くのか？」と問うセリフである。

【経典テクストE：pp.189-190】
（山羊に対して）
　　neeq　lerq　siuqbbei　lerq　muq　zeel?
　　　君　　呼ぶ　（疑)-(構5)　呼ぶ　(末1)　(末5)
　　〈君が鳴くのはどうして鳴くのか？、と。〉

(鶏に対して)
　neeq juq siuq juq ddaq muq zeel?
　　君　鳴く (疑) 鳴く (末12) (末1) (末5)

〈君が鳴くのはどうして鳴くのか？、と。〉

(犬に対して)
　neeq lvq siuq lvq ddaq muq zeel?
　　君　吠える (疑) 吠える (末12) (末1) (末5)

〈君が吠えるのはどうして吠えるのか？、と。〉

　この例の山羊に対して問う部分のテクストでは、理由を問う疑問文は、「"siuq-bbei"（どのように）」という［疑問詞＋構造助詞］で構成されており、これは口語での文法と一致する。一方、鶏や犬に対して尋ねる部分のテクストでは、先に挙げた経典テクストとよく似た語構成を取っている。ここで注意すべきは、どの文も7音節で統一されている点である。山羊に対する疑問文の"siuq-bbei lerq"に対して、鶏や犬に対する疑問文では"siuq juq"や"siuq lvq"となり、一音節が不足するため、助詞の"ddaq"を加えて一句を7音節に整えていることが分かる。おそらくこの部分で重要視されているのは、一句を7音節に整えることであり、テクスト自体にとっては、文法的な相違はそれほど大きな意味を持っていないと考えられる。そのため、口語的な形式と、文法的変形を加えられた経典的な形式が並列していることはそれほど問題にはならないのである。

　以上のような、経典朗誦体での韻律的特徴と文法との関係に着目すると、先に挙げた和志武の指摘する経典朗誦体の文法的特徴のうちのいくつかについても、同様の見方が適用できる。上述した和志武が挙げる特徴のうち、2、3、5の具体例として挙げられたもののほとんどは、5音節や7音節、あるいは9音節の句であるため、そこで指摘された文法的特徴も、ここに見られるような、経典朗誦体での音節数の固定傾向などの特徴と関連した文法的な変形であると見ることができる。

　一方、4の否定副詞"teiq"の問題は、口語では同じく一音節の否定副詞"me"と置き換えられるため、句の音節数の問題とは直接には関わらない。また、1の動詞の重ね型は、イ語にも同様の文法が見られる。ただし、これらの

文法現象については、前節で述べた語彙の問題と同様に、隣接する諸集団の言語からの借用である可能性を排除できないため、これらが「古い」特徴の残存であるとする考え方にはやはり再考が必要である。

4.3. 修辞的技法(1)──頭韻の技法

この節では、経典朗誦体に見られる修辞的な技法について述べる。経典テクストでは、ある音節を「頭韻」として用い、句の先頭の音を揃える修辞的技法が見られることがある。以下は、ツォゼルグが、天から降りてきたツェフボバと出会う場面に出てくる描写である。

【経典テクストD：p.49】

  perq nal lee gaizhol,   〈白と黒の境界の地、〉
   白 黒 地 境界

  Seeqka'luamoq bbaq,   〈ルァモの梅の花。〉
   梅-ルァモ   花

  nini qoqoq bbaq,   〈求め合う花、〉
  求める-(重) 求める-(重) 花

  ni nee choq gobvl,   〈求める者はすぐ出会う。〉
  求める (構1) 速く 出会う

  nini qoqoq zzeeq,   〈求め合う者が共に住む。〉
  求める-(重) 求める-(重) 住む

  ni zzeeq ee mei ddee derl ggv, 〈住むのによい二人が一つになる、〉
  2 住む 良い (構7) 1 (結合) 成る

  ni hiul ee mei ddee kuaq ggv, 〈住むのによい二人が一つの囲みの中
  2 住む 良い (構7) 1 (囲み) 成る   でくらす。〉

【経典テクストG：p.33】

  Perq nal ddee gaizhul,   〈白と黒の境界の地、〉
   白 黒 地 境界

  sika Lomuq bbaq,   〈ロモの梅の花、〉
   梅 ロモ 花

hol hei ni jjuq bbaq, 〈八ヶ月に二回咲く。〉
   8 (月) 2 (回) 花

Ni lei ququq bbaq, 〈求め合う花、〉
求める (副6) 求める-(重) 花

Ni nee quq gobvl, 〈求め合う者が出会う。〉
求める (接6) 求める 出会う

Ni quq lei gobvl, 〈求め合う者が出会う。〉
求める 求める (副6) 出会う

Ni zzeeq ee mei ddee derl ggvq, 〈住むのによい二人が一つになる、〉
  2 住む 良い (構7) 1 (結合) 成る

Ni dcrl cc mei ddee bbuq ggvq, 〈一つになるのによい二人が結婚する。〉
  2 (結合) 良い (構7) 1 (婚姻) 成る

　ここでは、斜体で示した"ni"という語が繰り返され、次の文を引き出す頭韻として働いている。またこれらは、下線を付した厳密に言えば頭韻ではない"ni"とも、相互に関連していると見られる。これ以外の他の経典テクストでは、テクストCのように、この部分が簡略化されてしまい頭韻が見られないものもあるが、E (pp.199-200)、I (p.185)、L (p.361)では4句に、H (p.160)、K (p.31)では3句に、F (p.38)とJ (p.123)（ただし、FとJの文字テクストは同一である）では2句に、それぞれ同様の頭韻が認められる。
　一方、この部分に相当する二つの口語テクストでは、物語の展開の重要な部分であることもあり、いずれもかなり詳細な描写や解説を行っている。口語テクストAでは、「今は散っている梅の花が、もう一度咲いたならば、二人が一緒になってよいことにする」という、ここでの梅の花の仲人としての役割を解説し、経典テクストの一部を引用しているが（"perq nal lee gaizhu, seiqka luamoq bbaq, hol hei ni jju bbaq"、口語テクストA：No.90）、その続きになると思われる頭韻を伴うテクストは語られていない。一方、口語テクストBでは、この部分の盛り上がりを互いに惹かれあう二人のセリフとして表現した後、経典テクストと形式のよく似た以下の一節を引く。しかし、その語彙は平易な口語であり、各句の解釈も容易で、経典テクストと比べて非常に分かりやすいものとなっている。これはもとの『納西族民間故事選』の漢語テクストには対応する部分が見られないものであるので、ナシ語のテクストとして構成するにあ

たって、新たに加えられたものであろう。以下にその部分のテクストを示す。

【口語テクストB：p.153】
　Neeq la　goq ko sel,　　　　　〈君は愛の言葉を言い、〉
　　君　（副3）愛する　声　言う

　ngeq la　goq ko sel,　　　　　〈私も愛の言葉を言う。〉
　　私　（副3）愛する　声　言う

　ni gvl jaijul qiq,　　　　　〈二人の語らいは甘く、〉
　　2　（人）　話す　甘い

　ni gvl jaijul yiq,　　　　　〈二人の語らいはおいしい。〉
　　2　（人）　話す　おいしい

　ni　nee　quq gobvl,　　　　　〈求め合う者が出会う。〉
　　求める（接6）求める　出会う

　quq　nee　ni　gobvl,　　　　　〈求め合う者が出会う。〉
　　求める（接6）求める　出会う

　neeq pieq ngeq pieq ddeeweil tv.　〈愛しあう君と私は、同じ所に着く。〉
　　君　好む　私　好む　1-(位置)　着く

　このように、口語テクストBでもこの部分には頭韻を伴う一節が見られるわけであるが、この部分の文体は明らかに経典テクストの模写か、あるいは後に述べる民謡の形式の援用であり、本来の口語テクストの文体とは異なるものであると考えられる。

4.4.　修辞的技法(2)—「ツェジュ」の技法

　次章で詳しく述べるナシ族の民謡には、独得の修辞的技法として、「ツェジュ("zeijju")」という技法があるとされている。ツェジュとは、叙述内容を直

160　ツェジュについての記述には、次のものがある。雲南省民族民間文学麗江調査隊 1959, pp.17-19; 和鐘華・楊世光 1992, pp.19-21; 郭大烈 1986, pp.177-184; 和雲彩・和発源 1986, p.276; 和志武 1995, p.10; 和開祥・和宝林 n.d.,p.24; 楊世光 1983, pp.87-90; 麗江地区文化局・麗江納西族自治県人民政府 1995, pp.21-22.

接的に述べる主要な句の前に、その句の婉曲な比喩となる句を置き、両者をそれぞれの句に含まれる同音の音節で関連させた、一種の韻律的技法である[160]。これを「借音調和（"借音和諧"）」や「借音格」と呼ぶこともあるが、ツェジュの本質は、音声の形式的な調和だけではなく、その比喩的な表現技法にあるとする意見もある[161]。

ツェジュは、本来民謡の技法として発達したものであるが、ナシ族宗教経典における朗誦体においても、その数はさほど多くはないものの、やはりこの技法が見られることがある。具体的に例を挙げれば、それは以下のようなものである。

【経典テクストD：p.38】

　　Coqssei'leel'eesso,　　　　　　　　〈ツォゼルグは、〉
　　　ツォゼルグ-男

　　zzeqgv huaperq rvl,[162]　　　　　　〈木の上にシラキジがとまる。〉
　　　木-(尾2)　シラキジ　とまる

　　rv bbei niol hoq seiq,　　　　　　　〈仕事をするのが私は遅かった。〉
　　　仕事　する　私　遅い　(態1)

　　to zhol yoq perq lvl,　　　　　　　〈松林の境に、白い羊を放牧する。〉
　　　松　境界　羊　白い　放牧する

　　lvl bbei niol hoq seiq.　　　　　　〈放牧するのが私は遅かった。〉
　　　放牧する　する　私　遅い　(態1)

李霖燦の解釈では、この部分は「近親相姦をしてはいけないと言われても、もう遅い」というツォゼルグたち兄弟の心中のセリフであり、その重点は「遅い」という一語にあるという。この部分では、二句目の末尾の"rvl"が三句目の始めの"rv"を、四句目の末尾の"lvl"が五句目の始めの"lvl"を、それぞれ同音で導く構成をとっており、それぞれの句の間には意味の上ではあまり直接的な関係はない。ナシ族の民謡では、ツェジュはその形式だけではなく

---

[161]　何密 1985, p.41。
[162]　ちなみに経典テクストCでは、これを"ruq"とし、「捕まえる」の意味とする(pp.41-44)。

意味上の関連も重要だとして、近年の民謡に見られる形式に偏ったツェジュに対する批判すらあるが[163]、経典朗誦体のテクストでは、それほど意味上の関連は重要視されていないようである。

この部分は口語テクストAには現れないが、一方の口語テクストBには、経典テクストのこの部分に対応するものとして、次のようなテクストが見られる。

【口語テクストB：p.144】
　Coqssei'leel'ee jjuqddeeqgv hee, yerl zzerqgv gge hualperq zzeq
　　ツォゼルグ　　山-大きい-(尾2)　行った　(接5)　木-(尾2)　(構4)　シラキジ　捕まえる

　naiq'vq, nal tee ceeq hoq seiq. Tee goqsuaqgv hee　yerl jiq perq
　　…したい　(接1)　彼　来た　遅い　(態1)　彼　高原-高い-(尾2)　行った　(接5)　雲　白い

　neifniq gge ceelyuq lvl　naiq'vq, nal tee ceeq hoq seiq.
　　同じ　(構4)　山羊-羊　放牧する　…したい　(接1)　彼　来た　遅い　(態1)

　〈ツォゼルグは、大きい山の上に行き、木の上のシラキジを捕まえようとしたが、彼は来たのが遅かった。彼は、高原に行き、白い雲のような山羊や羊を放牧したかったが、彼は来たのが遅かった。〉

このテクストでは、ツェジュに基づいた経典テクストの四句を、ほぼそのまま翻訳したものとなっており、ほとんど意味不明の内容となっている。対応する漢語テクストにおいてもこれは同様であり[164]、極端な隠喩とでも捉えて読む以外にはないものである。このように、文体を形式性から離れた口語体に変えてしまえば、その半分は形式性に依拠している修辞的技巧としてのツェジュはその意義を失ってしまう。このことからも、経典テクストと口語テクストの、形式性の有無を確認することができる。

4.5.　曖昧性と難解性（1）—比喩的な語彙

同じ内容を持つ何種類かの経典テクストを比較してゆくと、文字テクストや経典朗誦体、さらにその解釈をめぐって様々なテクスト上の相違が見られるこ

---

[163]　何密 1985, p.57。
[164]　中共麗江地委宣伝部 1984, p.52。

とがあるが、その中には、経典朗誦体特有の文体や言語的特徴に起因すると思われるものがある。このようなテクスト上の相違は、解釈の困難さを示していると考えられるが、それは経典朗誦体自体に存在する曖昧性に起因する場合も多い。以下では、経典朗誦体での比喩的な語彙の用法が原因となってそのようなテクスト上の相違が発生したと考えられる場合について、具体的なテクストの例を挙げながら述べる。

　ナシ族の洪水神話では、天上のジラアプの家の中に隠れたツォゼルグを、ジラアプが殺そうとするが、娘のツェフボバがツォゼルグを認めるように勧めたことで、「それならば連れて来い」と、ジラアプがツォゼルグに鋭い刀の梯子を上って来させる。その後、ジラアプはツォゼルグの手足を調べる。以下は、この部分の口語テクストAでの描写である。

【口語テクストA：No.135-138】
　　Kvqjuq ba　la, kvqjuq ba pil　seil, Rhee'laq'epv nee laq liuq,
　　　中-(方向)　着く (副3) 中-(方向) 着く (態4) (接2)　ジラ-長老　(構1) 手　見る

〈中に着いても、中に着くと、ジラアプが手を見る。〉

　　Laq la ddeemerq ggaiq ree me　jju,
　　　手 (副3)　1-(少量)　長刀　道 (副1) ある

〈手にはちょっとの刀の跡もない。〉

　　Kee gol　lei liuq　la kee la haiqsheel,　ggaiq ree me jjuq mei,
　　　足 (構2) (副6) 見る (副3) 足 (副3)　[還是]　　長刀　道 (副1) ある (末2)

〈足を見ても、足にもやはり、刀の跡はないな。〉

　　Ei:, chee seil ddeemerq tal　gge ddee gvl waq keel moq, ei,
　　　え　これ (接2)　1-(少量)　すごい (構4)　1　(人) である たぶん (末1)　え

〈え、これならば、ちょっとすごい奴かも知れないな、え。〉

　口語テクストAでは、ジラアプがツォゼルグに、刀の梯子を上って来させる以前に、その刀がどんなに鋭い刀であるかということもすでに語られている（No.130）。刀の梯子を上ってきたツォゼルグの手や足を調べると、鋭い刀の上

第4章　経典朗誦体に見られる諸特徴　　87

を渡って来ていながら、ツォゼルグの手にも足にも刀の跡はない。そのためジラアプも、「これはちょっとすごい奴かも知れない」と言う。一方、この部分は、経典テクストGでは、次のように語られている。

【経典テクストG：p.37】
"Laq berl zzeelzzeeq ddeq?"
　　手　　紋　　ある-(重)　　（末12）
〈「手には紋はあるか？」〉

"Laq berl me yeq lei, Laq sai la me bbvq!"
　手　　紋　（副1）生じる（副6）　手　　血　（副3）（副1）流れる
〈「手には紋は出来ていませんし、手に血も流れていません！」〉

"Kee berl zzeelzzeeq ddeq?"
　　足　　紋　　ある-(重)　　（末12）
〈「足には紋はあるか？」〉

"Kee berl me yeq lei, Kee sai la me bbvq.
　足　　紋　（副1）生じる（副6）　足　　血　（副3）（副1）流れる
〈「足には紋は出来ていませんし、足に血も流れていません！」〉

Eqkellvlerbbuq, See rherq chee ddeeq mei,
　アクルラの坂　　　父　　威風　　これ　　大きい　（構7）
〈アクルラの坂、父の威風は偉大だが、〉

Sso rherq ddeeq me ggvq we zeel!"
　息子　威風　　大きい　（副1）超える（末7）（末5）
〈息子の威風の偉大さには及ばないなぁ」、と。〉

ここでは、手足には「紋」もなければ「血」も出ていないという意味になっており、続いてツォゼルグが、自分が父を超える威風を具えていることをアピールしている。これとほぼ同じようなテクストとその解釈が見られるものには、

経典テクストL (pp.363-364) がある。ところが同様の部分は、経典テクストD では、話の筋はほぼ同じながらも、次のように語られる。

【経典テクストD：p.52】
Rhv'laq'eipvgoq nieq tv, Coqssei'leel'eesso, Rhv'laq'eipv nee,
　ジラ-長老-家　　（上に）着く　ツォゼルグ-男　　　　ジラ-長老　（構1）
〈ジラアプの家に着くと、ツォゼルグを、ジラアプが、〉

kee neiq laq nieq ddee liuq neiq, *perl* ddee perl me zzee,
足　(接6)　手（上に）1　見る（態3）　紋　1　(紋)（副1）ある
〈足と手を見ると、一筋の紋もない。〉

la nieq ddee liuq neiq, *rher* ddee tel me ji,
手（上に）1　見る（態3）　夜露　1　(滴)（副1）置く
〈手を見ると、一滴の夜露もない。〉

kee nieq ddee liuq neiq, *shai* ddee tel me ji,
足（上に）1　見る（態3）　血　1　(滴)（副1）置く
〈足を見ると、一滴の血もない。〉

このテクストでは、足や手には「紋」がなく、手には「夜露」がなく、足には「血」がないと語られている。これについて李霖燦は、その注に「人の美しいことの形容である」と述べている[165]。これまでに見たテクストを比較すると、おそらく本来は刀の梯子を渡っても「跡（あるいは傷）」がついたり「血」を流したりしないという描写であったものが、次第に「跡」や「血」が、「紋」や「露」に変化しつつあり、もし李霖燦の言う解釈が正しいならば、その全体の意味にはすでに変容が見られることになる。そしてこの後には、ジラアプがツォゼルグにその血統を尋ね、ツォゼルグが「私は父母の威風を受け継いだ種族です」と答える部分が続く。他にも、李霖燦のような解説はないながらも、こ

---

[165]　李霖燦・和才 1978, p.53.

れとほぼ同じようなテクストとその解釈が見られるものには、経典テクストF（pp.41-42）やJ（p.125）がある。

　一方、経典テクストKでは、これらのテクストとその解釈自体はほとんど同様でありながらも、「"perl"（紋）」には、猛獣の「模様」の意味から派生して、「威風」や「度胸」の意味があるという注をつけている[166]。そして、やはりほぼ同様のテクストである経典テクストEでは、その漢語訳の部分において、「ジラアプは冷笑して尋ねた」とする[167]。ここにおいては、「紋がない」ということが、「度胸や威風がない」という、マイナスの意味に解釈されている。さらに、次の経典テクストHでは、解釈だけでなく、経典朗誦体のテクスト自体にも以下のような変化が見られる。

【経典テクストH：p.163】
　perl ddee perl me zzeeq, gaiq me　yi　ye　zeel.
　　紋　　1　　（紋）（副1）ある　威風（副1）ある（末9）（末5）
〈一筋の紋もない。威風がないなぁ、と。〉

　Nalsaqwegvbbuq, seeq rherq ddeeq nee　sso　me　zhail,
　　ナサウォク-坂　　　　　父　威風　大きい　（構8）息子（副1）置く
〈ナサウォクの坂、父の偉大な威風は息子には具わってない。〉

　mei rherq ddeeq mei mil me zhail gge ddee gvl　waq　ye　zeel.
　　母　威風　　大きい　（構7）娘（副1）置く（構4）　1　　（人）である（末9）（末5）
〈母の威風の偉大さが娘に具わっていない、というような奴だなぁ、と。〉

　ggv rherq ddeeq mei zzei me zhail gge ddee gvl　waq　ye　zeel.
　　おじ　威風　大きい　（構7）甥（副1）置く（構4）　1　（人）である（末9）（末5）
〈おじの威風の偉大さが甥に具わっていない、というような奴だなぁ、と。〉

166　和即貴・和宝林 1999-2000, p.33。
167　和雲彩・和発源 1986, p.206。

このテクストでは、これまでに見たテクストでツォゼルグのセリフであった「威風」に関わる部分の句が逆の意味となり、「紋がない」ことにより、父母やおじの「威風」はツォゼルグには受け継がれていないという、ジラアプのツォゼルグに対するマイナスの評価となってしまっている。他にもこれと同様の展開で、ツォゼルグには威風が具わっていないとするテクストには、経典テクストⅠとMがある。いつの間にか、これらのテクストにおいては、始めに見たような口語テクストAや経典テクストGにおけるテクストやその解釈とは、正反対の内容になっているのである。また、これらとはさらに違った解釈をしている以下のようなテクストもある。

【経典テクストC：p.62】
　　Rhu'laq'eiqpv lei shel mei,
　　　　ジラ-長老　　（構9）言う（構7）
〈ジラアプが言うには、〉

　　mo zheeq laq zheeq me waq mei, shai ddee tel me yi,
　　　足　爪　手　爪　（副1）である（構7）血　1　（滴）（副1）ある
〈足や手の爪でなければ、一滴の血もない。〉

　　mo bbe laq bbe me waq mei, perl ddee perl me zzeeq.
　　　足　ひら　手　ひら（副1）である（構7）紋　1　（紋）（副1）ある
〈足の裏や手のひらでなければ、紋が一筋もない。〉

　　Eiqkellu'leiqbboq, seeq rherq ddeeq mei ssojeiq zhail.
　　　　エカルレ-坂　　　　父　威風　大きい（構7）息子-(方向)　置く
〈エカルレの坂、父の偉大な威風は息子に具わった。〉

　このテクストでは、その前半では、「手足の爪以外には血の色がない」、「手のひらや足の裏以外には紋がない」としてそれをマイナスの意味にとり、その後半では、「(ツェフボバがツォゼルグを)エカルレの坂に連れて行って、(彼女の)父の大いなる霊力をツォゼルグの体に加えた。(それでツォゼルグは頭もよく有能になった。)」(漢語訳はp.67)という、かなり苦しい解釈を与えている。

また、これとよく似た内容になっているものには、口語テクストBがある。口語テクストBは、文体は口語であるが、内容はいくつかの経典テクストや口頭伝承を参照して整理されたものであるために、たまたまこのようなテクストとなったのであろう。この二つのテクストからは、この部分の解釈が、かなり難解なものとなっていることがうかがえる。

　以上をまとめれば、おそらく本来のテクストでは、口語テクストAに見られたように、「刀の梯子にも傷つかず、血も出ない」ということがツォゼルグのプラス評価として重要であったものが、経典朗誦体において「紋」や「露」などの比喩的な語彙を用いたことが主要な原因となって、伝承を重ねるうちに句全体の意味に変化が生じてゆき、いつしか反対のマイナス評価の解釈も生まれ、さらにはそれに続く句のテクストまでが、逆の意味に変化していったと考えられる。このように、経典朗誦体では、比喩的な語彙の用法によって生じる曖昧性とそれに伴う解釈の難解性を見ることができる。

4.6. 曖昧性と難解性（2）——主語の入れ替わり

　ナシ族の創世神話のテクストでは、いくつかのテクストの間に相違があることがしばしば見られるが、場合によっては、ある句の主語が、異なる人物のものになっている現象が見られることがある。以下に示すのは、大洪水で生き残ったツォゼルグが、荒廃した大地を放浪の末、神であるムルドゥアプ（ムルロアプ）に出会うきっかけとなる場面だが、そこに出て来る地上の煙と火に関する描写の流れが、テクストによって次の三つに分かれている。

1．「ムルドゥアプが見ると、地上には煙や火が全く出ていなかった。」
2．「ムルロアプが、ツォゼルグの出している煙と火を見た。」
3．「ツォゼルグが、ムルドゥアプの出している煙と火を見た。」

　1と2では、この句の主語はムルドゥアプであるが、それぞれ煙や火が出ているかどうかが、肯定と否定に分かれている。そして、3の句の主語はツォゼルグである。先に挙げた11種の経典テクストのうち、1のタイプのものには経典テクストE (pp.192-193)、H (p.156)、I (p.180)、M (p.167)があり、2のタイプのものには、経典テクストC (p.52)、F (p.32)、J (p.119)、K (p.27)、L (pp.355-356)があり（ただしFとJの文字テクストは同一）、3のタイプのもの

には、経典テクストD (p.46)、G (p.28) がある。以下にそれぞれのテクストを示す。

［1の例］
【経典テクストE：pp.192-193】

　Mee'leeldduq'apv, mie naq lo me jju,
　　　ムルドゥ-長老　　目　黒い　仕事　(副1)　ある
〈ムルドゥアプは、目が覚めても仕事がなく、〉

　ggeq nee meeqjuq ddee liuq neiq,
　　上　(構3)　下-(方向)　1　見る　(態3)
〈上から下にちょっと見てみると、〉

　go shuaq lee naq zzerqkeetvl,
　高原　高い　モミ　大きい　木-そば
〈高原の大きなモミの木のそばに、〉

　nil yi meelkeeq liuwa ddee,
　昼間　(構10)　煙　矛-柄　…のような
〈昼間には、矛の柄のような煙が、〉

　ddee gel mee nieq leiq me tv.
　1　(筋)　天　(上に)　(副6)　(副1)　着く
〈一筋も天に昇っていない〉

　huq yi mixil shee herq aiqshul ddee,
　夜　(構10)　火-舌　黄色い　緑の　鶏-とさか　…のような
〈夜には、鶏のとさかのような、あざやかな色の炎が、〉

　ddee gel mee nieq leiq me bbu.
　1　(筋)　天　(上に)　(副6)　(副1)　照らす
〈少しも天を照らしていない。〉

第 4 章　経典朗誦体に見られる諸特徴　　93

［2 の例］
【経典テクストＣ：p.52】
　　Meeleello'eiqpv, mieq naq lo me jju,
　　　　ムルロ-長老　　　目　黒い 仕事（副1）ある
　〈ムルロアブは、目が覚めても仕事がなく、〉

　　leelchoqleelnaq ko　yi ddee liuq neiq,
　　　　深い密林　　　拓く（構10） 1　見る（態3）
　〈深い密林を切り拓いてちょっと見てみると、〉

　　nil　yi meelkuq liu'o ddeeq, mee nieq zeeq neiq ddoq,
　　昼間（構10）　煙　　矛-柄　大きい　天　（上に）立つ（態3）見える
　〈昼間には、矛の柄の太さの煙が、天に昇っているのが見える。〉

　　hoqko miceil aiqshol　ddeeq mee nieq bbo neiq ddoq.
　　　　夜　　　炎　　鶏-とさか　大きい　天　（上に）照らす（態3）見える
　〈夜には、鶏のとさかの大きさの炎が、天を照らしているのが見える。〉

［3 の例］
【経典テクストＤ：p.46】
　　Coqssei'leel'eesso, jji lei goshuaq goqgvperq leel tv,
　　　　ツォゼルグ-男　　　歩く（構9）高原-高い　高原-(尾2)-美しい（接4）着く
　〈ツォゼルグは、歩いて美しい高原に着いた。〉

　　goqshuaq lee naq zzeqkeetvl,
　　　高原-高い　モミ 大きい　木-そば
　〈高原の大きなモミのそばで、〉

　　nil　yi meelkvq liuwa ddeeq gge ddee bbaq teiq nieq tv mei ddoq.
　　昼間（構10）　煙　　矛-柄　大きい（構4）　1　（本）　そこ（上に）出る（構7）見える
　〈昼間には、矛の柄の太さの煙が一筋、そこから昇っているのが見える。〉

hoqkua　aiqshol　mitvq　ddeeq　gge　ddee　gel　teiq　nieq　bbo　mei　ddoq.
夜　　　鶏-とさか　　松明　　　大きい　（構4）　1　（本）　そこ　（上に）　照らす　（構7）　見える

〈夜には、鶏のとさかのような太い松明が一本、そこを照らしているのが見える。〉

　ここに見るように、以上の1と2では、この部分の主語はムルドゥアプ（ムルロアプ）であり、3ではこの部分の主語はツォゼルグである。ここでは、ほぼ同一の部分の主語が入れ替わるというテクストの相違が生じている。そして、1と2では、地上の煙と火の有無が逆転してしまっている。

　ここでの主語の入れ替わりの原因として考えられるのは、一つには、この部分を含めた前段からの話の流れであり、もう一つには、煙と火を描写する句が、短い句にまとめられており、その中には直接的な主語が明示されていないことである。句の中に直接の主語が示されていないために、この部分に関係するツォゼルグとムルドゥアプのどちらもが主語となりうるという可能性が生じている。もし、本来のテクストが1のようなものであると仮定すると、その変化の過程は次のようなものとなる。

　この部分の前には、ツォゼルグが長い間大洪水の後の荒廃した大地をさまよっていたという話の流れがある。そのため伝承の過程において、その話の流れに引きずられることにより、ここで「ツォゼルグが見ると、一筋の煙と小さな光が見えた」とする3のようなテクストが生まれてもおかしくはない。このようにツォゼルグが主語となった場合には、「ツォゼルグが見ると、地上には煙や火が全くなかった」というのでは、話の展開上不自然なものとなってしまうため、それと合致するように、この煙と火に関する部分の肯定と否定も逆転したのであろうと考えられる。これによって、ツォゼルグに入れ替わった主語は生かされることになり、見方によっては、よりドラマティックな展開となったわけである。

　一方で、2のテクストは、そのようなドラマティックな展開の仕方に、1のテクストが部分的に影響されたものとも見られようし、あるいは逆に、3のテクストの主語だけが、ムルドゥアプに戻ったとも考えられる。いずれにせよ、煙と火を描写する句の内部には主語が明示されていないため、この部分の主語が変換されることが、それほど起こりにくいとは思われない。

　このように経典朗誦体では、各句の音節数を整えるために、接続詞や文中の

各成分の関係を示す文法的成分を省略する傾向があるため、これによって、句自体は極めて簡潔なものとなる。ここで見た例では、一つの句の中に主語と述語の双方が同時には含まれておらず、口語テクストに比べると相対的に情報量が少ない。このような情報量の少なさは、文の曖昧性を生じさせやすく、その上、トンバが経典朗誦体の句を暗誦して記憶する時には、第一にその形式性に重点が置かれるため、句の意味に対する自覚が疎かになることも考えられる。そのため、上の世代のトンバから下の世代のトンバへと、数世代にわたって口承で伝えられてゆく過程では、ここで見たような主語の入れ替わりや、それに伴うテクストの変化が起こり得ると考えられる。

歌い踊るナシ族の婦人たち（『納西族与東巴文化』中国民族撮影芸術出版社、1999年より）

第5章 ナシ族の民謡との関係

本章では、ナシ族宗教経典の音声言語の性質を考えるもう一つの手掛かりとして、ナシ族の民謡を取り上げ、両者の関係について考察する。

5.1. ナシ族の民謡とそのテクスト

ナシ族の民謡（"民歌"）には、伝統的なものから現代的なものまでかなりの種類があり、その分類も様々である。内容的に「山歌」、「小調」、「労働歌」、「習俗歌」、「子供歌（"児歌"）」、「トンバ調（"東巴唱腔"）」に分ける方法や[168]、これに「即興歌」、「舞踏歌」などを加えた上、さらに調子の分類である「グチ（"gguqqil"、「吟唱」の意味とされる）」を加える分類もある[169]。また、『納西族文学史』では、長編に及ぶ伝統的な民謡を「大調」と呼び、これを内容的に人生の喜びを歌う「歓楽調」、男女の愛情を歌う「相会調」、結ばれない男女の悲しみを歌う「苦情調」、婚姻などの風習と関わる「習俗調」の四つに分けている[170]。

また、以上の分類においては、一方では、形式としての「調子」に基づいて、ナシ族の民謡を、「愛情叙事長詩」をはじめとする即興歌や「苦歌」などに広く用いられる「グチ（"gguqqil"、"吟唱"）」、労働歌に多い「ウォマダ（"wemaddaq"）」、祝い歌に多い「スウェウェ（"seelweiwei"）」、舞踏歌に多い「ヤリリ（"yaflilli"）」などに分けている。

このようなナシ族の民謡の分類で注目すべきことは、ナシ族宗教経典での朗誦の歌い方が、「トンバ調」などとして、民謡の一部として分類されているこ

---

[168] 麗江地区文教局 1985, pp.4-8; 生明 1988, p.42。
[169] 麗江地区文化局・麗江納西族自治県人民政府 1995, pp. 15-20（納西族民間歌曲概述）。
[170] 和鐘華・楊世光 1992, pp.319-321。

とである。これについては、「トンバ経典の様々な歌い方は、実は民謡の曲調を基礎としており、あるものはまるで『宗教民謡』("宗教民歌")である。もし、その宗教的な内容を取り除くか、トンバではない普通の人が歌えば、トンバ調であるか民謡や山歌であるかは非常に区別がつきにくい。」と言われており[171]、また、「麗江のトンバの歌い方は、ナシ民謡の雰囲気を帯びているが、チベット文化の影響が強いトンバ教の聖地の中甸三壩では、トンバの歌い方の中に、時折チベット民謡の調子や、ラマの読経の調子に見られる色彩が入り混じる」とも言われている[172]。

本来、民謡は一般の人々によって広範に歌われていたものであり、他方、トンバ経典の朗誦はトンバという宗教的に特殊な位置にある人間が行っていたものであるはずだが、その音楽的な性質から見ると、実は両者は区別がつきにくく、かつトンバ経の朗誦は、各地の民謡などの音楽的な環境にもかなり影響を受けているということになる。

これまでに公表されているナシ族の民謡に関するまとまった資料としては、『納西族民歌訳注』[173]、『納西族民間歌曲集成』[174]、『納西民歌選』[175]、『雲南納西族、普米族民間音楽』[176]などがあるが、最後の一つを除くこれらの資料にはナシ語ピンイン方式のローマ字や音声記号によるナシ語のテクストが収められており、ナシ語の口語テクストや経典テクストとの比較を行うことができる。

ナシ族の民謡を韻律的に見ると、「トンバ調」や「子供歌」、および一部の地域で漢族の影響を強く受けたものを除けば、基本的には一句が5音節で構成されているものがほとんどである[177]。これらの中には、5音節のうちの末尾3音節を、その句の前に前出させて歌ったりする歌い方のバリエーションも見られ

---

[171] 楊徳鋆 1985, p.435。
[172] 楊徳鋆 1985, p.436。また、桑徳諾瓦 1992(日本語文献), p.110でも、トンバの歌い方はナシ族の民謡を基礎とし、ラマ経典の唱え方などとも関連を持つと指摘されている。
[173] 和志武 1995。
[174] 麗江地区文化局・麗江納西族自治県人民政府 1995。
[175] 趙興文・和民達・和元慶 1987。
[176] 麗江地区文教局 1985。これらの他にも、Rock 1939, pp.121-152には原語による民謡のテクストが収められている。
[177] なお、郭大烈 1986, p.177では、民謡の種類による韻律の傾向が述べられている。

る。

また、ナシ族の民謡で用いられる語彙は、多少の例外はあるものの、現在のナシ語の口語と共通する平易なものがほとんどである。また、現在のナシ語の置かれている環境を反映し、漢語からの借用語もかなり頻繁に見られる。

5.2. ナシ族の民謡と経典朗誦体の関係

以下に引用するのは、男女の愛情を歌った「相会調」の中に含められている、「天女が錦を織る("天女織錦緞")」の始まりの部分である[178]。

Meemil yiqbu ddaq, 　天-娘　　錦　　織る	〈天女が錦を織る。〉
Wa siuq wal ddee ddaq, 　5　（種）　5　（匹）　織る	〈五匹織れば五種の錦。〉
Ddee ddee ddaq mei nvl, 　1　（匹）　織る　（構7）（感嘆）	〈一匹織るとなぁー、〉
Mee herq seif bbei ddaq, 　天　　緑　［色］（構5）　織る	〈蒼天の色に織る。〉
Ddee gv geeciuq ddaq, 　（匹）頭　［孔雀］　　織る	〈織物の頭は孔雀に織る。〉
Ddee mai felhuaiq ddaq, 　（匹）　尾　　［鳳凰］　織る	〈織物の尾は鳳凰に織る。〉
Geeciuq felhuaiq tee, 　［孔雀］　［鳳凰］　それ	〈孔雀と鳳凰は、〉
Siaihuil bbee shel mei, 　［相会］（態2）言う　（構7）	〈会うと言うが、〉
Liulggv geeperq ddaq, 　中間　　星-白い　　織る	〈間に白い星（銀河）が織られている。〉
Geeperq bbuq nee zhual, 　星-白い　　山坂（構1）隔てる	〈白い星の坂に隔てられ、〉

---

[178] 和志武 1995, pp.34-35。

Siaihuil jjeq pil nvl,　　　　　　〈会うのは難しくなったなぁー。〉
　［相会］　　難しい（態4）(感嘆)

Seif see lei huil naiq?　　　　　〈どうやって会えば良いのか？〉
（疑問）やっと（副6）［会］（助4）

　このテクストに用いられている語彙は、基本的に現在のナシ語の口語と大差のないものである。他のナシ族の民謡のテクストにおいても、多少の例外はあるものの、その語彙はほぼ現在の口語と一致し、その解釈も容易である。そこには、ナシ族宗教経典の経典朗誦体に見られるような特殊な語彙による難解さはない。また、ここに挙げたテクストに見られる "seif"（漢語：色 sè）、"geeciuq"（漢語：孔雀 kǒngquè）、"felhuaiq"（漢語：鳳凰 fènghuáng）、"Siaihuil"（漢語：相会 xiānghuì）、"huil"（漢語：会 huì）のように、漢語からの借用語もよく見られ、これも現在のナシ語の口語においてよく見られる漢語からの借用語の多さと一致するものである。従って、このような語彙の側面から見ると、民謡のテクストはナシ語の口語のテクストと近接している。

　その一方で、このテクストに見られるように、ナシ族の民謡は一句5音節を基本としており、このような形式性は、本書の第3章で見た経典朗誦体の形式性と極めて類似している。先に見たように、ナシ族宗教経典の音楽的側面は、ナシ族の民謡と類似して区別がつきにくいと言われており、この類似は、ここに見られるような韻律面での形式の類似について見た場合も同様である。そのため、経典朗誦体のテクストの中でも、「古語」と考えられてきた特有の語彙が見られない場合には、経典のテクストはその形式性の上で極めて類似する民謡のテクストとほとんど区別のつかないものになる。

　以下に見る例は、先に検討したナシ族宗教経典に見られる洪水神話の内容の一部が、「習俗歌」[179]の「祖先を祭り婚礼を終える（"祭祖完婚礼"）」という民謡の中で歌われている部分である。

【民謡のテクスト】[180]

---

[179]　和志武は「祝婚歌」と分類している。
[180]　和志武 1995, pp.265-266。

第 5 章　ナシ族の民謡との関係　　101

　　Naqxi　naq　kuddu,　　　　　〈ナシ族の伝統、〉
　　　ナシ族　ナシ　伝統

　　Kuddu　gai　nee　jjeq,　　　　〈伝統は昔からある。〉
　　　伝統　　前　（構3）ある

　　Goperq　mi'labbuq,　　　　　〈白い鶴の仲人、〉
　　　鶴-白い　　　仲人

　　Cheeni　goperq　ddeeq,　　　 〈今日の大いなる白鶴よ。〉
　　　これ-(日)　鶴-白い　大きい

　　Xulser　　mitvq　zheel,　　　〈コノテガシワの松明に火を灯し、〉
コノテガシワ-木材　松明　点火する

　　Ssee　bbei　sseessai　hol,　　 〈永遠に輝くことを祈る。〉
　　　寿命　(構5)　輝く　祈る

　　Cherjjiq　goloq　wul,　　　　〈泉水を木の桶で汲み、〉
　　　泉-水　　木桶　汲む

　　Jjiq　yi　dder　sherl　hol,　　〈水が池に満ちることを祈る。〉
　　　水　ある　池　満ちる　祈る

　この民謡のテクストは、ナシ族宗教経典における洪水神話の中で、ツォゼルグが鶴に乗って天へ上ったことを述べ、ツォゼルグとツェフボバが、ジラアプに結婚を許されてから、コノテガシワの木の松明を掲げ、泉水を汲んで地上に降りてきた一節を引いているものである。次に、このうち下線を付したコノテガシワの松明と泉水に関わる部分の、本来の経典朗誦体におけるテクストを示す。

【経典テクストG：p.59】
　　Cherjjiq　goloq　wul,　　　　〈泉水を木の桶で汲み、〉
　　　泉-水　　木桶　汲む

　　Luluq　bbei　lei　ceeq,　　　 〈担いで来た。〉
　　担ぐ-(重)　(構5)　(副6)　来た

　　Xulser　　mitvq　zheel,　　　〈コノテガシワの松明に火を灯し、〉
コノテガシワ-木材　松明　点火する

| Sseessai bbei lei ceeq, | 〈輝きながら来た。〉 |
| 輝く　　（構5）（副6）　来た | |

　この部分は、経典朗誦体においても一句5音節の構成であり、特殊な語彙も見られないため、その形式性においては民謡のテクストとよく似ている。特に、"Cherjjiq goloq wul"、"Xulser mitvq zheel" の二句については、全く同一である。
　このような経典朗誦体とナシ族の民謡の近接を示す例は、他にも見ることができる。以下に示すのは、洪水神話ではないが、心中した男女の霊を済度する「ルバルザ（"魯般魯饒"）」という経典の一節と、男女の愛情を歌う「恋文を三通送る（"情書寄三封"）」と題された民謡の一節で、ともに男女の間の過去の思い出の出来事を挙げ、そのような思い出を「もう忘れたのですか？」と問う文脈において、よく似た表現が現れている例である。

【経典テクスト「魯般魯饒」(『納西東巴古籍訳注（一）』)：p.119】[181]

Chualperq cee teeq so,	〈白い鹿が泉水を飲んで味わったこと〉
鹿-白い　　泉水　飲む　味わう	
Ku nieq yi zo waq,	〈口に（残って）いるはずです〉
口　（上に）　ある　（末6）である	
Bbv'leiq req zzee sso,	〈綿羊が草を食べるように楽しんだ男〉
綿羊　　　草　食べる　男	
Nee nieq yi zo　waq,	〈心の中にあるはずです〉
心　（上に）　ある　（末6）　である	

【民謡のテクスト】[182]

| Chualperq cee teeq sso, | 〈白い鹿が泉水を飲むように味わった男〉 |
| 鹿-白い　　泉水　飲む　男 | |

---

[181] 楊樹興・和雲彩 1986。
[182] 和志武 1995, p.74。

Ku nieq yi zo waq,　　　〈口に（残って）いるはずです〉
　口　（上に）ある（末6）である

Bbv'leiq yeq zzee sso,　　〈綿羊が香草を食べるように楽しんだ男〉
　綿羊　　香草　食べる　男

Nee nieq yi zo waq,　　　〈心の中にあるはずです〉
　心　（上に）ある（末6）である

　この二つのテクストでは、一句目の"so"と"sso"、三句目の"req"と"yeq"という単語以外は完全に一致している。また、この二つの単語の差異についても、どちらもその音声が近似しているため、多少音声がずれたために別の単語に解釈されただけとも見ることができ、経典朗誦体のテクストと民謡のテクストとの類似性が見て取れる。
　このように、ナシ族の民謡とナシ族宗教経典の音声言語は、その韻律的構成がよく似ているために、ここに見た例のように経典朗誦体に特殊な語彙が見られない部分では、両者はほとんど同じような言語的特徴を有していると言える。
　従って先に3.1.で見た、李霖燦が述べている「トンバが経文を唱えれば、呪文でなければ、大体は老人が理解できる」という見解も、上で見たように両者がほとんど同じ言語的特徴を有する場合には当たっていると考えられる。しかし、これは経典朗誦体に特殊な語彙が見られない場合に限られるものであるため、その全てをナシ族の一般人が理解できると考えることはできない。第4章における検討を通して見たように、経典朗誦体の特徴は、中国の学者によって「古語」と考えられてきた特殊な語彙や独得の文法的特徴、あるいは様々な原因によるその曖昧性と難解性にあるのであり、そのような特徴が顕著ではない民謡との間には、明らかな差異が存在すると言える。そのため、一部の先行研究に見られるような、ナシ族宗教経典の経典朗誦体は、万人が理解できる「一種の説話文学」であるというような認識は、十分には当たっていないと考えられる。
　総じて、基本的には、ナシ語の口語の文体に韻律上の形式性を加えたものがナシ族の民謡のテクストであり、さらにこれに口語や民謡にはあまり見られない特殊な語彙や文法を加えたものがナシ族宗教経典における経典朗誦体であると見ることができる。

麗江県文筆峰付近のナシ族民家

第6章　結論　ナシ族宗教経典音声言語の性質

6.1.　経典朗誦体の性質

　本書の第3章と第4章の検討によって、ナシ族宗教経典における経典朗誦体の性質を次のようにまとめることができる。経典朗誦体では、音節数に完全な規則性は見られないながらも、その形式として一定の音節数に固定してゆく傾向が見られ、形式的な構成の重要度が内容の重要度を上回り、一見不要とも思える繰り返しが頻出する。その結果として、テクスト全体では極端に長編化する傾向が認められる。また、経典朗誦体には、頭韻や「ツェジュ」と呼ばれる韻律的な技巧がある。さらに中国の学者によって「古語」と考えられている特有の語彙が混入しており、独特の文法的変形も認められる。それが本当に「古い」ものであると認められるかどうかは別として、これらの特徴は経典朗誦体の形式的構成に一定の程度で関係している。

　一方、比喩的な語彙の使用による曖昧性により、経典テクスト自体やその解釈の上での混乱が発生したり、形式的構成を重視するあまりに文法的要素の省略が起こり、そのために主語が入れ替わるといった曖昧性が発生することもある。このような経典朗誦体の曖昧性は、経典朗誦体の解釈の難解さを産み出しており、経典の知識を持たない者にとっては全てを理解することは困難で、一度聞いただけでは正確には理解しにくいと考えられる。総じて、経典朗誦体は、一種の「韻文」と言える特徴を備え、暗誦による伝承に適した口語体とは異なる形式を持つ文体であると言える。

6.2.　ナシ族口頭伝承としてのナシ族宗教経典音声言語

　経典朗誦体、ナシ族の民謡、口語テクストという三つのテクスト形態の関係を考えると、経典朗誦体とナシ族の民謡との間には、本書の第5章での検討で見たようにその韻律的構成において類似性が認められた。しかしその一方、多少の例外はあるものの、経典朗誦体に特徴的な特殊な語彙や文法的特徴の混入

や、さらにいくつかの原因による曖昧性と難解性については、経典朗誦体とナシ族の民謡との間には一定の距離があり、その点ではナシ族の民謡は、ナシ語の口語との間に共通性が認められる。

　総じて、ナシ語の口語によるテクストと民謡のテクストは、共に平易な口語の語彙を用いることで共通し、また、ナシ族宗教経典における経典朗誦体のテクストと民謡のテクストは、韻律的な構成において共通する。これらの三者の関係の全体を図示すれば、以下のようになる。

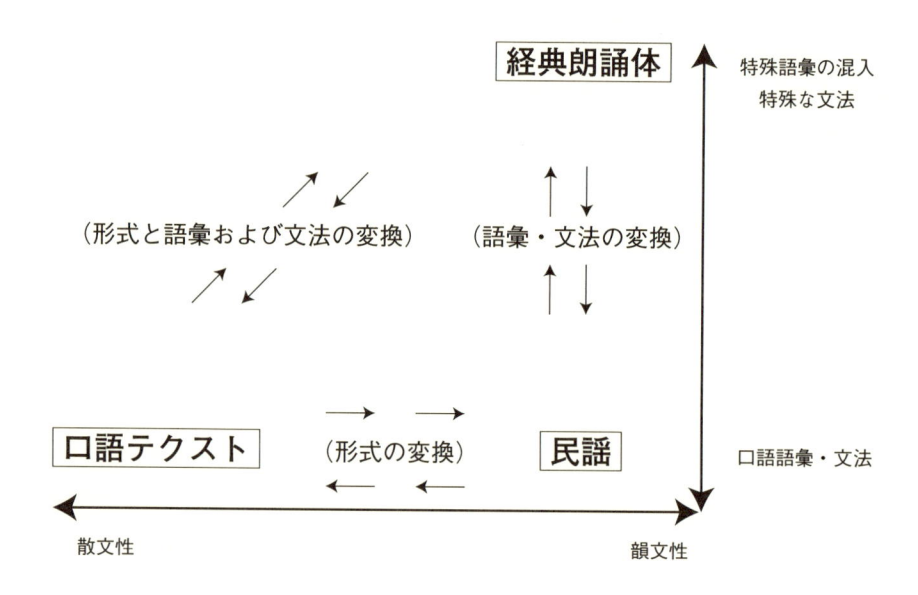

```
                          経典朗誦体            特殊語彙の混入
                                              特殊な文法
           ↗↙              ↑↓
  （形式と語彙および文法の変換）  （語彙・文法の変換）
           ↗↙

  口語テクスト    →→    民謡                 口語語彙・文法
              （形式の変換）
              ←←

  散文性                    韻文性
```

　この図では、横軸に、テクストの形式における「散文性」と「韻文性」の傾向を対比させ、縦軸に、テクストにおける語彙や文法の特徴を対比させて示した。ここで言う「散文性」とは、これまでに見たようなナシ語の口語テクストにおける無形式性であり、「韻文性」とは、経典朗誦体やナシ族の民謡において見られたような句の音節数の固定傾向や、叙述の繰り返しの傾向、修辞的技巧などを指す。また、縦軸に示した語彙と文法の特徴には、口語テクストや民謡に見られる口語的な語彙や文法と、経典朗誦体に見られるような特殊な語彙や文法的特徴の混入が対比されている。

　口語テクスト、民謡、経典朗誦体という三つの伝承形態は、この図でも示さ

れているように、縦軸と横軸のそれぞれ一方、あるいは双方を変化させることで、相互に変換することが可能な位置にある。従って、ここではこれらのナシ族の音声言語による伝承の全体を「ナシ族口頭伝承」という呼称で総括することが適切であると考えられる。

　ナシ族の宗教経典は、これまで、その特徴的な文字によって強く印象付けられてきたため、非常に特殊な伝承形態のように考えられてきた。しかし、その文字テクストは別として、音声言語としての経典朗誦体をナシ語の口語テクストや民謡のテクストと比較すると、ここで示したように、それぞれが相互に形式や言語的特徴を変換した関係を持っていることが理解できる。従って、ナシ族宗教経典の音声言語は、このような「ナシ族口頭伝承」という概念の中の、一構成要素として考えるのが適当なのである。

《資料編》

1. ナシ語の表記法

　ここでは、ナシ語のテクストを記述するために用いるナシ語の表記法について、既存のいくつかの表記法の問題点を検討した上で、本稿で用いるのに最も適した表記法を選択し、若干の修整を加えて提示する。

1.1.　ナシ語の表記法とその現状

　トンバ文字やゴバ文字などの伝統的な文字を除き、これまでに用いられてきたナシ語の表記法には、主に以下のものがある[1]。

1. 　IPA(国際音声字母)を正書法代わりに使用して音韻表記を行う方式。
2. 　宣教師による「フレーザー文字」に類似した方式。
3. 　ジョゼフ・ロックの考案した方式。
4. 　中国の学者によるラテン化文字方式(「ナシ語ピンイン("拼音")方式」)。
5. 　ドイツのヤネルトによるケルン方式。
6. 　諏訪哲郎氏によるヘボン式ローマ字に近い方式。

　1は、これまで主としてトンバ経典の記述的研究において使われてきた方法である。この方法は、印刷上の文字の繁雑さに欠点があり、これまでのトンバ経典の記述的研究においては、出版における技術的な条件が満たされないことが多かったため、その場合にはIPAを手書きする方法が取られてきた[2]。
　2は、1932年頃に、麗江で布教活動をしたオランダの宣教師、スハルテン(Scharten)が考案したものであり、リス(傈僳)族などにキリスト教を普及させ

---

[1] 　この他にも、旧ソ連の影響下で作られたキリル文字を用いたものがある(斎藤達次郎氏のご教示による)。

る目的で作られた、いわゆる「フレーザー文字」に似た方式の表記法である。『馬可福音(マルコ福音)』、『馬太福音(マタイ福音)』の二冊がこの文字を使ってナシ語に翻訳されたと言われるが[3]、残念ながら筆者は実見しておらず、現在、この表記法が実際に使われているという情報もない。

3は、ジョゼフ・ロックが考案した表記法である。本書の2.4.にも述べたように、ロックの表記法には音素の過剰区別が含まれていると考えられ、ナシ語の表記を複雑化させてしまったことに欠点がある。しかし、ナシ族の研究におけるロックの資料の重要性とその影響力から、欧米の研究では長らくこの表記法がそのまま用いられることが多かった。しかし、最近の文化人類学的な著作などにおいては、欧米の著作でも以下の4の方式に取って替わられつつある。

4は、初め1957年に作成され、その後1983年に修整を経て正式に定められた、ナシ語のラテン化文字による表記法("納西族文字方案"。以下ではこれを「ナシ語ピンイン方式の表記法」と記す)である[4]。これまで、この表記法の一般への普及を目指したナシ語による新聞や、一部の小学校用教科書、その他いくつかの刊行物などにおいて用いられてきた。文字はすべてラテンローマ字の範囲内に設定されているため、印刷などには便利である。また、この表記法は大研鎮方言を標準音として設定されている。

5は、ドイツのヤネルトがナシ語の表記法として作成したもので、中国の楊福泉氏(ナシ族)がヤネルトの招きでドイツに滞在した際に作成した、ナシ語による民話集、*Stories in Modern Naxi*において用いられている[5]。この方式は、タイプライターによる印字に適した方式として作られたものである。なお、*Stories in Modern Naxi*は、Handbook of Naxiの第1巻であるが、その続編は未刊のままであり、ヤネルトは1994年に他界している。

2　傅懋勣 1948; 李霖燦・張琨・和才 1978; 方国瑜・和志武 1981や、『納西東巴古籍訳注』の第1巻(雲南省少数民族古籍整理出版規劃辦公室 1986)、第2巻(雲南省少数民族古籍整理出版規劃辦公室 1987) など。このシリーズでは、第3巻(雲南省少数民族古籍整理出版規劃辦公室 1989)においてようやく活字による印刷となった。
3　王世英 1991, p.116; 和即仁・和志武 1988, pp.126-128。
4　和即仁・姜竹儀 1985, pp.130-134; 和志武 1987, pp.1-8; 和即仁・和志武 1988, pp.191-193; 姜竹儀 1992, pp.215-217; 雲南省地方誌編纂委員会 1998, pp.345-346に、それぞれ解説がある。
5　Yang 1988a.

6は、日本の諏訪哲郎氏が、ロックや方国瑜の象形文字の字典を編み変えて作成した「英語―日本語―ナシ語小辞典」の中で使用しているものである[6]。表記法としては、ヘボン式ローマ字に近いものを採用している。

以上に挙げた表記法のうち、ナシ族の宗教経典ではなくナシ語の口語の音声に基づいて作成された方式であり、ある程度合理的で問題が少なく、特殊記号や付加記号も少なく入力に便利であり、かつ、これまでに使用された量もある程度多い方式を選ぶとすれば、4が最も適切と考えられる。4の方式では、現在も少量ではあるがそれを用いて書かれた印刷物が出されている[7]。

ただし、ナシ族の間でのこの表記法の普及度という点から見ると、現状ではほとんど普及していないというのが実際である。この表記法が制定されたのち、一部の農村では普及への試みがなされた。しかし、本来文盲をなくして経済的・文化的に発展しようという考え方に基づくこの普及運動が行われたのは、漢語が十分に浸透していない山間部や、中心部からかなり離れた地域に限られていた[8]。ナシ族がすでにナシ語と漢語の二言語使用者となっている、漢語がある程度浸透している地域では、漢語を用いて経済的に発展する方がより現実的であるため、普及運動を展開する必要はないと判断されたからである。ナシ語と漢語の二言語使用者にとっては、わざわざ独特の規則を覚えてナシ語を表記したりするよりは、漢語を用いた方が便利であり、かつ他民族との汎用性も高い。

筆者の現地滞在中に出会ったナシ族の中でも、このナシ語ピンイン方式による表記を読み書きできるのは、上述のいくつかの刊行物の仕事に関わる、主としてその普及を進める側の少数の人々だけであった。従って、たとえこの表記法を用いたからといって、ナシ族がそれをすぐに読めるわけではないため、使用することで汎用性が高くなるとは言い難い。それどころか、最近のナシ族出身の宗教経典の研究者などは、むしろ彼らの研究で日頃用いている1のIPAを

---

[6] 諏訪 1986。
[7] ナシ語と漢語による新聞『麗江納西文報』(麗江納西族自治県民族宗教事務局)が現在も時折発行されているほか、ナシ語の出版物としてごく最近出版されたものとして、『中華人民共和国民族区域自治法』(和潔珍訳、2001年8月)、『江沢民"三箇代表"重要思想』(趙慶蓮編訳、2000年12月)などがある。
[8] 姜竹儀 1994, pp.48-51。1984年から1988年までの間に5799人が参加したとされる。

用いた表記の方に慣れ親しんでいる傾向すらある。とはいえ、現実的には、ナシ語ピンイン方式による表記の簡便さは、特に長文の表記には適していることから、以上に述べたような現実の普及での問題点を認識した上で、本稿では、この表記法に若干の修整を加え、後掲する口語によるナシ語テクスト資料を記述することにする。

1.2. 本稿でのナシ語の表記法

以下に、本稿で用いるナシ語の表記法を、IPAで示したナシ語の音素と対照させて示す。

[子音]

ナシピンイン：	b	p	bb	m	f	d	t	dd	n	l
IPA ：	p	p^h	mb	m	f	t	t^h	nd	n	l

ナシピンイン：	g	k	gg	ng	h	(v)*	j	q	jj	n(i)	x
IPA ：	k	k^h	ŋg	ŋ	x	ɣ	tɕ	$tɕ^h$	ndʑ	ɲ	ɕ

ナシピンイン：	z	c	zz	s	ss	zh	ch	rh	sh	r
IPA ：	ts	ts^h	ndz	s	z	tʂ	$tʂ^h$	ndʐ	ʂ	ʐ

以上のうち、ナシ語ピンイン方式における bb、dd、gg、jj、zz、rh の音声は、鼻音が前出しない有声閉鎖音である [b, d, g, dʑ, dz, dʐ] と発音されることもある。麗江壩方言においては、これらの2系列の音の間に音韻的な差異があるとされるが、大研鎮方言においては、このどちらに発音されても音韻的には違いがない。また、麗江壩方言の話者と大研鎮方言の話者の間の発話においても、この差異によって大きな問題が起こることはほとんどないので、ここではより単純な大研鎮方言の音韻体系に基づいた表記法を提示した[9]。

---

9 一方、この違いを書き分ける方法も提示されている(麗江納西族自治県民族宗教事務局 2000b)。

[母音]
ナシピンイン： i   u   iu   ei   ai   a   o   e   er   ee   v
IPA   ： i   u   y   e   a   ɑ   o   ə   ɚ   ɯ   ɣ

ナシピンイン： iai   ia   ie   iei   ui   uai   ua   ue
IPA   ： ia   iɑ   iə   ie   ui   ua   uɑ   uə

[声調]
声調は、音節末に以下の文字をつけることで表す。
ナシピンイン： l（なし）   q   f
IPA   ： ˥   ˧   ˩   ˦

[その他の規則]
1. i および i を含む二重母音が、子音なしで音節を構成する場合には、「yi」、「yu」、「yai」のように表記する。
2. u および u を含む二重母音が、子音なしで音節を構成する場合には、「wu」、「we」、「wai」のように表記する。
3. iu および iu を含む二重母音が、j、q、jj、ni、x の子音と組み合わさる場合には、i を省略して「ju」、「qu」、「xu」などのように表記する。
4. 音節の切れ目が曖昧になる場合には、アポストロフィー（'）でその切れ目を表す。
5. 各文の最初の文字は大文字で書く。
6. 固有名詞の最初の文字は大文字で書く。
7. 接頭語は語と連続させて書く。例：ebbvq（兄）、語構成は 〈e-bbvq〉。
8. 合成語の各成分は連続させて書く。例：gvfv（髪）、語構成は 〈gv-fv（頭-毛）〉。
9. 感嘆詞などでは、母音を省いて書くことがある。例：ng:（「んー」）
10. 感嘆詞などにおける長音の表示には、コロン（:）を用いる。なお、ナシ語

には母音の長音と短音による音韻的な差異は存在しない。
11. 母音 ee, e の前に現れる子音 [ɣ] を v で表す方法もある(＊)[10]。

---

[10] 和志武 1987では、[ɣ] は、eとeeとしか結合しないので、表記法では独立させないとする(p.5)。

2. ナシ語文法の概要

　ここでは、先行研究におけるナシ語の文法に関する記述を、それぞれの異同を参照しながらまとめることで、ナシ語の文法の概略を述べる。その上で、特に本稿でのテクストの記述に必要な文法的要素を具体的に解説する。ただし、以下に行うのは、ナシ語文法の体系的な記述そのものではなく、ナシ語のテクストの記述に必要となる、記述的かつ具体的な文法的要素の解説である。

2.1. ナシ語の文法に関する先行研究

　ナシ語の文法について、これまでに比較的体系的な記述を行っている研究としては、傅懋勣 1941; 1984a, pp.297-327、姜竹儀 1980、和即仁・姜竹儀 1985、和志武 1987が挙げられる[11]。このうち、傅懋勣 1941は、維西地域で話されているナシ語の方言についての記述であるため、文法記述の細部においては他の記述との間に差異も認められるが、文法体系全体の枠組みについては参考にすることができる。また、傅懋勣 1984aは、トンバ経典の文章を読むための参考に書かれたものであるが、基本的な部分は口語の文法としても参考になる。

　なお、以下の記述における文法用語には、最も適当と考えられる日本語を用い、必要に応じて、" "内に中国語の原語を示した。ただしそれぞれの日本語が、必ずしも原語の忠実な翻訳であるわけではない。

2.2. 品詞の分類

　ナシ語の品詞には、名詞、動詞、形容詞、数詞、量詞、代名詞（"代詞"）、

---

[11] この他にも、個別の文法現象を扱った研究としては、姜竹儀 1981; 楊煥典 1983; 1984b; 1986; 木仕華 1997b; 2002; 孫堂茂 (Thomas M. Pinson) 2002などがある。日本語の文献としては、ナシ語の概説の一部として基本的な文法現象を列挙した西田 1989aがある。

副詞、接続詞("連詞")、助詞、感嘆詞("嘆詞")の10種があるとされている[12]。本稿でも、この体系に従う[13]。各品詞の性質や下位分類などについては、以下の2.4.で述べる。

2.3. 文の成分と語順

ナシ語の文の成分には、主語、述語("謂語")、目的語("賓語")、形容詞性修飾語("定語")、副詞性修飾語("状語")、補語の6種がある[14]。

主語になることができるのは、名詞、代名詞、数量詞(数詞と量詞の結合した連語)、および連語などである。述語になることができるのは、名詞、動詞、形容詞、および連語などである。目的語になることができるのは、名詞、代名詞、および連語などである[15]。

これらの文の成分の語順は、主語と述語のみからなる文の場合、基本となる語順は[主語―述語]である。主語、述語、目的語からなる文の場合、基本となる語順は、[主語―目的語―述語]である。ただし、主語と目的語は、それぞれ構造助詞(後述)を付加することで、語順を変えることができる。構造助詞を用いない場合の語順は上述のものに限られる[16]。

---

[12] 姜竹儀 1980, p.64; 和即仁・姜竹儀 1985, p.42; 和志武 1987, p.59。
[13] 傅懋勣 1941においては、品詞の分類は、実詞(名詞・代名詞)、動詞(自動詞・他動詞)、助詞(類別詞・数詞・量詞・方位詞・副詞・接続詞・感嘆詞)という体系をとっており、形容詞という品詞はない。後の研究での形容詞にあたる語は、傅の体系では自動詞の中に含められている。これについて、和即仁・姜竹儀 1985, p.59では、形容詞を独立させる理由としてそれぞれの文法的性質の違いが述べられている。
[14] 姜竹儀 1980, p.70; 和即仁・姜竹儀 1985, p.91。一方、和志武1987, p.104では、「修飾語」が、「名詞の修飾語、動詞の修飾語、形容詞の修飾語」の三つに分けられる体系となっている。内容的には、和志武の「名詞の修飾語」は、ここでの形容詞性修飾語("定語")に対応し、和志武の「動詞の修飾語」と「形容詞の修飾語」は、ここでの副詞性修飾語("状語")に対応すると考えられるが、本来、文の成分は、まず他の文の成分との関連の中で規定されるものであり、始めから品詞と関連付けて論じられるべきではないと考えられる。傅懋勣 1941, p.84においては、修飾語("限品")は、1. 主語("主品")および目的語("受品")を修飾するもの、2. 述語("述品")を修飾するもの、という二つに分けられ、まず他の文の成分との関連の中で規定されている。
[15] 姜竹儀 1980, p.70; 和即仁・姜竹儀 1985, pp.91-93; 和志武 1987, pp.100-102。

形容詞性修飾語は、主語と目的語を修飾するものであり、副詞性修飾語は、述語を修飾するものである。

　修飾語と被修飾語の語順は、一般に、形容詞、数量詞、[指示代詞＋量詞]が形容詞性修飾語となる場合は、[主語・目的語―形容詞性修飾語]の語順となり、名詞、代名詞、数詞や、構造助詞 "gge"（後述）のついた形容詞が、それぞれ形容詞性修飾語となる場合は、[形容詞性修飾語―主語・目的語]の語順となる。また、副詞性修飾語は、通常は述語の前に置かれる[17]。

　補語は、述語の意味を補足するものであり、述語の後に置かれる。形容詞、動詞、副詞などが補語になることができる[18]。

2.4. 主な品詞の性質と下位分類

　名詞は、主語、目的語、形容詞性修飾語になることができるが、場合によっては述語になることもできる。時間や場所を表す名詞は、副詞性修飾語になることができる[19]。また、直接には副詞の修飾を受けない[20]。

　動詞には、一般の動詞の他に、助動詞（"助動詞" または "能願動詞"）がある。助動詞は、他の動詞や形容詞の後につき、動詞の意味を補足する。問いの答えとして用いられる場合や、前の文と対比させて使われる場合を除き、普通は単独で述語になることができない[21]。また、動詞は、同一の形態素を繰り返す、いわゆる重ね型（"重畳"）を形成することができる。重ね型を形成した場合は、元の動詞の意味に、「互いに」という意味や、動作の継続、強調などの意味が加わる[22]。

　形容詞は、形容詞性修飾語となり、主語や目的語を修飾する。形容詞はいくつかのタイプの重ね型を形成することができ、その場合には強調などの意味が

---

[16] 姜竹儀 1980, p.70。また、構造助詞の解説として、和即仁・姜竹儀 1985, p.82; 和志武 1987, p.90にそれぞれ例が挙げられている。

[17] 姜竹儀 1980, p.71。

[18] 姜竹儀 1980, p.71; 和即仁・姜竹儀 1985, pp.95-96; 和志武 1987, pp.106-107。

[19] 和即仁・姜竹儀 1985, p.47。

[20] 姜竹儀 1980, p.64; 和即仁・姜竹儀 1985, p.42; 和志武 1987, p.60。

[21] 和即仁・姜竹儀 1985, p.53; 和志武 1987, p.66。

[22] 和即仁・姜竹儀 1985, p.48; 和志武 1987, p.62。

加わる[23]。副詞は、副詞性修飾語となり、述語を修飾する。

　数詞と量詞は、「数詞＋量詞」の形式で組み合わさり（これを「数量詞」と呼ぶ）、名詞や動詞を修飾する。名詞を修飾する場合は、数量詞は名詞の後に置かれ、動詞を修飾する場合には動詞の前に置かれる[24]。また、多くの名詞は、名詞自身を量詞として繰り返す形式を形成することができる[25]。

　代名詞のうち、"chee"（これ）、"tee"（あれ）には、単語や連語などの後に置かれ、ポーズを置いて、直前の内容を強調する用法がある[26]。

　助詞は、構造助詞（"結構助詞"）、動態助詞（"情貌助詞"または"時態助詞"）、文末助詞（"語気助詞"）の三つに分けられ、各品詞の間のさまざまな関係を表したり、文に付加的な意味を加える[27]。構造助詞は、文中において、ある成分と他の成分との間に入ってひとまとまりの構造を形成し、各成分の間の関係を説明するものである。動態助詞は、動詞に後置して時間的なアスペクトを表すものである。文末助詞は、主として文末に位置し、疑問、確認、強調などといった様々な意味を付け加えるものである。

2.5.　文法的要素の記号一覧

　ここでは、ナシ語の品詞分類に従って、後掲するテクストの記述に必要な、頻出する文法的要素について具体的に述べる。上述したナシ語の品詞のうち、ここでは動詞のうちの助動詞、副詞、接続詞、助詞（構造助詞、動態助詞、文末助詞）、その他の接尾語類、その他の文法形式の順に、よく使われるものに記号を与え、その意味や用法を解説した。後掲するナシ語のテクストの記述では、ここで与えた記号のみを簡略に記すことにする。また、これ以外の品詞については、その日本語訳を見れば品詞が明らかであるため、テクストの記述では、対応する訳を直接記すことにした。また、先行研究において副詞に含められているものの一部などについても、具体的な意味を表しているので、テクス

---

[23] 和即仁・姜竹儀 1985, pp.55-56; 和志武 1987, pp.68-69。
[24] 和即仁・姜竹儀 1985, p.68。
[25] 和志武 1987, p.82。
[26] 和即仁・姜竹儀 1985, pp.73-75; 和志武 1987, p.76。
[27] 姜竹儀 1980, p.68; 和即仁・姜竹儀 1985, p.81; 和志武 1987, p.89。

トの記述においては訳を直接記しているものがある。
　以下では、【　】内に品詞の略号に番号を付して示した後に、文法要素のナシ語ピンイン方式での表記を記す。なお、以下に示すのは、《資料編》4 で提示するテクスト資料で用いられているものを主としたに過ぎず、ナシ語の文法要素の一覧として必ずしも完全に網羅的なものではない。

2.5.1. 助動詞【助1～助11】
【助1】gvl（可能）
　「…することができる」という能力による可能の意味を表す。

【助2】tal（許可・容認）
　「…してよい」という許可・容認の意味を表す。

【助3】dder（必要）
　「…しなければならない」という動作の必要性を表す。

【助4】naiq, niq, ner（必要）
　「…しなければならない」という動作の必要性を表す。

【助5】mai（獲得・実現）
　「…して…が得られた」という獲得の意味や、一定の目標への到達を表す。

【助6】zherq（使役）
　「…させる」という使役の意味を表す。

【助7】jjerq（可能）
　「…することができる」という能力による可能の意味を表す。

【助8】bbiu（敢えて）
　「敢えて……する」「……する勇気がある」という意味を表す。

【助9】ai（必要）

「……する必要がある」という意味を表すが、否定の"me"とともに、"me ai"として用いられ、「……すべきでない」という意味を表すことが多い。

【助10】loq（可能）
「……できる」という可能の意味を表す。否定の"me"とともに、"me loq"として用いられ、不可能の意味を表すことが多い。

【助11】me niq（禁止）
「……してはいけない」という禁止の意味を表す。

2.5.2. 副詞【副1～副9】

【副1】me（否定）
否定を表す。

【副2】el（疑問）
疑問を表す。

【副3】la（並列・強調）
　a. 「…も」という並列の関係を表す。
　b. 「…さえも」という強調の意味を表す。

【副4】dal（限定・強調）
　a. 「…だけ」という限定の意味を表す。
　b. 「…だけ」という意味から派生して、「まさにそれだけ」という強調の意味を表す。

【副5】bbei（総括）
「全て」という総括の意味を表す。

【副6】lei（反復・流動）
　a. 動詞に前置し、「再び」、「また」、「今度は」などの動作の繰り返しの意味を表す[28]。

b.　動詞に前置し、動作の流動性を表す。一つの平面上の動きを表すことが多い[29]。

【副7】teiq（開始）
　動詞に前置し、その動作が開始したことを表す[30]。

【副8】eq（開始）
　動詞に前置し、その動作が開始したことを表す。

【副9】yel（丁寧）
　動詞に後置して、動詞に丁寧な気持ちをつけ加える。

2.5.3. 接続詞【接1〜接7】

【接1】nal（逆接）
　「…だが、しかし…」という逆接の関係を表す。

【接2】seil, sseil, heil（仮定条件と結果／話題の提示）
　a.　「…ならば、…」という、仮定条件とその結果を接続する働きを持つ。
　b.　仮定条件の意味が薄れ、「…と言えば、…」という話題の提示を表す。この場合は、日本語で「…は、…である」と訳せることが多い。

【接3】neel（選択）
　二つの成分の間に用いて「…か、それとも…」という選択の意味を表す。

【接4】leel（転接・対比）
　文の転接を表す。多くの場合、二つのものを対比させる意味を表す。対比させる事物は、前後の文で表現されることもあれば、言外に暗示させたものであ

---

[28] 傅懋勣 1941, p.128。
[29] 傅懋勣 1984a, p.313。
[30] 傅懋勣 1984a, p.314。

ることもある[31]。

【接5】 jjai, yel, yerl（論理的・時間的接続）
「…なので、…」「…といえば、…」「…すると」といった意味を表す。

【接6】 nee, ne, nei, neif, negge（並列）
名詞的な成分の並列を表す。「…と…」と訳せる。

【接7】 nvl（主題の提示）
「…は、…」と主題を提示する。seil（接2）のbと似る。

2.5.4. 助詞
2.5.4.1. 構造助詞【構1～構10】
【構1】 nee（主語の表示）
　直前の名詞や代名詞が、文の主語や主題であることを表す。日本語では「…が、」「…は、」と訳せる。

【構2】 dol, gol（対象の表示）
　直前の名詞や代名詞が、動作の対象であることを表す。「…に対して」「…に」などと訳せる。

【構3】 nee, nieq（位置・基点／手段・道具）
　a.　直前の名詞が時間・空間的な位置や基点であることを表す。「…に」、「…で」、「…から」などと訳せる。
　b.　直前の名詞が、動作の手段・道具・材料などであることを表す。「…で」、「…を用いて」と訳せる。

【構4】 gge（形容詞性修飾語の形成）
　名詞・代名詞・形容詞の後に置き、形容詞性修飾語を形成する。「…の…」

---

[31] 傅懋勣 1984a, pp.324-325。

と訳せる。また、形容詞の後に置き、名詞的成分を形成する。「…の（もの）」と訳せる。

【構5】bbei（副詞性修飾語の形成）
　名詞・動詞・形容詞などに後置し、副詞性修飾語を形成する。場合によっては、bbeiに前置する成分は、一つの文であることもある。

【構6】bul（動詞と補語の接続）
　動詞と、動詞の意味を補足する補語との間に置かれ、両者を接続する働きを持つ。補語は、場合によっては長くなり一文を成すこともある。動詞 "ceeq"（来た）と組み合わさる場合は、空間的な移動（「…してきた」）の意味や、動作の開始・継続（「…している状態にある」）の意味を加える。

【構7】mei（動詞・形容詞と補語の接続）
　動詞・形容詞、または動詞的成分と、その意味を補足する補語との間に置かれ、両者を接続する働きを持つ。補語は、場合によっては長くなり、一文を成すこともある。

【構8】nee（動詞・形容詞と補語の接続）
　動詞・形容詞の後に置き、続く成分がその補語であることを表す。"mei" と併用され、"neemei" となることもある。

【構9】lei（強調）
　名詞・動詞の後に置き、それらを強調する。

【構10】yi（強調）
　名詞などの後に置き、それらを強調する。

2.5.4.2. 動態助詞【態1〜態5】

【態1】seiq, sei, heiq（完了を表す）
　動作の完了を表す。声調は、第二の声調（[˧]）となることもある。

【態2】bbee（意思）
　「（これから）……しようとする」という動作主の意思を表す。

【態3】neiq, neeq（進行）
　「現在…している」という、動作の進行を表す。

【態4】pil, bil（完了）
　動作の完了を表す。"seil" と結合し、"pilseil" という形式で用いられることが多い。

【態5】jji（経験）
　「……したことがある」という過去の経験を表す。

2.5.4.3. 文末助詞【末1～末12】
　文末助詞は、通常は文末に置かれるが、他の文末助詞や助詞・接続詞類と並列することがある。

【末1】moq, maq, maf, muq, mvq, nvqmaq（確認、強調）
　確認、強調の意味を表す。

【末2】mei, meiq（命令・勧誘／確認）
　命令文の場合は、主に目下の者に対する命令・勧誘の気持ちを表す。それ以外の文においては、「…だろ？」という確認の気持ちを表す。

【末3】seiq, heiq, xie, xiai（断定）
　文末に置かれ、断定の気持ちを表す。

【末4】neiq, neeq（命令・勧誘／確認）
　命令・勧誘を表す文においては軽い命令の気持ちを表す。それ以外の文においては、「…だろ？」という確認の気持ちを表す。

【末5】zeel（伝聞）

文末に置かれ、「…だそうだ」という伝聞の意味を表す。

【末6】zo（可能性）
　現象・動作の可能性があることを表す。また、否定詞を伴い、"me zo"で可能性がないことを表す。

【末7】wei, yo, yei, we（感嘆）
　感嘆・詠嘆の気持ちを表す。

【末8】yi, ei（確認）
　多くは"el yi"、"el ei"の形式で用いられ、「…でしょう？」という確認の気持ちを表す。この場合の意味は"el waq"（「…であるか？」→「…でしょう？」）とほぼ同様である。

【末9】ye（感嘆・実見）
　感嘆の気持ちを表す。また、自分の目で見ている事実であることや、それに近い現実感を持つことを表す。

【末10】lei（疑問）
　疑問を表す。多くの場合、"el"（副2）とセットで使われる。

【末11】lal, lail（疑問）
　疑問を表すが、多くの場合、すでに分かっている内容を敢えて問う場合に用いる。

【末12】ddaq, ddeq（疑問）
　疑問を表す。

2.5.5. その他の接尾語類【尾1～尾5】
【尾1】-zo
　動詞に後置し、「…する物」「…する方法」といった意味を形成する。

【尾2】-gv
　名詞・動詞に後置し、「…する所」「…する方法」といった意味を形成する。

【尾3】-loq
　名詞・代名詞に後置し、「…の中」といった意味を形成する。

【尾4】-bbeq
　名詞・代名詞に後置し、「…の辺り」という意味を形成する。

【尾5】-mei
　名詞に後置し、その名詞に「大きい」という意味を加える。

2.5.6. その他の文法形式

【重】（動詞・形容詞の重ね型）
　動詞・形容詞の重ね型については、重複する音節の部分に「-(重)」と記す。

【複】（複数）
　接尾語による複数形については、「-(複)」と記す。

3. 表記法の変換に関する対応表

　本書では、言語資料の比較を行うために、いくつかの異なる表記法によって書かれたナシ語の言語資料を用いる際は、それぞれの表記法を統一したナシ語ピンイン方式の表記法に変換して表記している。ここでは、それぞれの異なる表記法と、本稿で採用したナシ語ピンイン方式の表記法との対応について、表の形式で以下に提示しておく。

A. ケルン方式（Yang 1988 *Stories in Modern Naxi*）との対応表

[子音]

ナシピンイン：	b	p	bb	m	f	d	t	dd	n	l
ケルン方式：	p	p'	b	m	f	t	t'	d	n	l

ナシピンイン：	g	k	gg	ng	h	(v)	j	q	jj	n(i)	x
ケルン方式：	k	k'	g	ṅ	h	r	tý	tý'	dý	ný	x

ナシピンイン：	z	c	zz	s	ss	zh	ch	rh	sh	r
ケルン方式：	ts	ts'	dz	s	z	ch	ch'	j	sh	zh

[母音]

ナシピンイン：	i	u	iu	ei	ai	a	o	e	er	ee	v
ケルン方式：	i	u	ü	e	ā	a	ö	ẹ	<u>e</u>	ë	v

[声調]

ナシピンイン：	l	（なし）	q	f
ケルン方式：	4	1	2	3

ケルン方式の基づくナシ語の方言は、大研鎮方言である。また、ケルン方式では、ナシ語には二重母音は存在しないとする立場をとり、その代わり、わたり音としてのy [j], w [w], ü [ɥ]（[ ]内はIPA）を他の母音と併用することでそれを表している。本書では、これらに対応するナシ語ピンイン方式の二重母音を記すことで変換を行った。

B. 李霖燦の表記（1978『麼些経典譯注九種』）との対応表

[子音]

ナシピンイン：	b	p	bb	m	f	d	t	dd	n	l
李霖燦：	p	p'	b	m	f	t	t'	d	n	l
			⟨mb⟩					⟨nd⟩		⟨r⟩
						⟨ʈ⟩	⟨ʈ'⟩	⟨ɖ⟩		
								⟨nɖ⟩		

ナシピンイン：	g	k	gg	ng	h	(v)	j	q	jj	n(i)	x
李霖燦：	k	k'	g	ŋ	h	—	tɕ	tɕ'	dʑ	ȵ	ɕ
				⟨ŋg⟩					⟨ndʑ⟩		

ナシピンイン：	z	c	zz	s	ss	zh	ch	rh	sh	r
李霖燦：	ts	ts'	dz	s	z	tʂ	tʂ'	dʐ	ʂ	ʐ
			⟨ndz⟩					⟨ndʐ⟩		

[母音]

ナシピンイン：	i	u	iu	ei	ai	a	o	e	er	ee	v
李霖燦：	i	u	y	ɛ	æ	ɑ	o	ʌ	ʌɹ	ɯ	(u)
									⟨uɹ⟩		

[声調]

ナシピンイン：	l	（なし）	q	f
李霖燦：	˦	˧	˨	˥

李霖燦の表記が基づくナシ語の方言は、麗江壩方言に含まれる方言である。麗江壩方言においては、有声閉鎖音と鼻音が前出した有声閉鎖音とに音韻的な

区別があるとされる。しかし、大研鎮方言においては、これらはいずれも同一の音素にまとめられるので、ここでもそのように処理した（上記の ⟨mb, nd, ŋg, ndʐ, ndz, ndʐ̢⟩ と ⟨nɖ⟩）。

また、李霖燦・張琨・和才 1978の表記においては、一部の子音に [j]、[w]、[ɥ] を加えた口蓋化音や唇音化音が子音として解釈されているが、これらの音声はわたり音として捉えることができるものであり、他の音韻体系で二重母音として解釈されているものと同一の特徴を記述していると考えて差支えない。そのため、これらの子音はそれぞれに対応するナシ語ピンイン方式の二重母音を記すことで変換を行った。また、李霖燦の記す半母音としての /j、w、ɥ/ についても、それに続く主母音を含めて二重母音として処理した。

また、李霖燦の表記において、独立の音素となっている巻き舌の閉鎖音の系列（上記の ⟨ʈ, ʈ', ɖ⟩ と ⟨nɖ⟩）は、大研鎮方言の音韻体系では歯茎音の系列にまとめられるので、ここでもそのように統合した。また、李霖燦の体系で /ur/ および /ʌr/ と記述される音素は、ともに大研鎮方言の音韻体系の /ɚ/ に対応しているので、ここでもそれに含めた。

ナシ語ピンイン方式における子音の「v」（[ʋ]）については、李霖燦の体系では独立の音素とはされておらず、ナシ語ピンイン方式における母音の「v」（[v̩]）は、李霖燦の体系では /u/ の異音と解釈され、独立の音素とはされていない。ここでは、いずれもナシ語ピンイン方式での書き方に当てはめて変換した。

逆に、李霖燦が独立の音素としている声門閉鎖音の /ʔ/ は、大研鎮方言の音韻体系では独立の音素とはされていないので、ここでは表記していない。

また、李霖燦の体系に見られるたたき音の /ɾ/（[ɾ]）は、大研鎮方言の音韻体系の /l/ にあたるので、ここでもそれに含めた。

C. 傅懋勣の表記（1948『麗江麼些象形文 '古事記' 研究』）との対応表

[子音]

ナシピンイン： b　　p　　bb　　m　　f　　d　　t　　dd　　n　　l
傅懋勣　　　： p　　p'　　b　　m　　f　　t　　t'　　d　　n　　l
　　　　　　　　　　　　⟨mb⟩　　　　　　　　　　⟨nd⟩
　　　　　　　　　　　　　　　　　　　　⟨ʈ　ʈ'　ɖ　ɳ　ɭ⟩
　　　　　　　　　　　　　　　　　　　　　　⟨nɖ⟩

ナシピンイン： g   k   gg   ng   h   (v)   j   q   jj   n(i)   x
傅懋勣　　： k   k'   g   ŋ   h   ɣ   tɕ   tɕ' dʑ   ȵ   ɕ
                     ⟨ŋg⟩   ⟨ndʑ⟩

ナシピンイン： z   c   zz   s   ss   zh   ch   rh   sh   r   V
傅懋勣　　： ts   ts' dz   s   z   tʂ   tʂ'   dʐ   ʂ   ʐ   v
                     ⟨ndz⟩   ⟨ndʐ⟩

[母音]
ナシピンイン： i   u   iu   ei   ai   a   o   e   er   ee   v
傅懋勣　　： i   u   y   ɛ   a   ɑ   o   ʌ   ʌɹ   ɯ   (u)
                                              ⟨ɔ⟩   ⟨ɻ, ʮ, ʅ⟩

[声調]
ナシピンイン： l   （なし）   q   f
傅懋勣　　： 1   2   3   4

　傅懋勣 1948が基づくナシ語の方言も、麗江壩方言に含まれる方言である。先の李霖燦の表記と同様に、有声閉鎖音と鼻音が前出した有声閉鎖音は、大研鎮方言ではいずれも同一の音素にまとめられるので、ここでもそのように処理した（上記の ⟨mb, nd, ŋg, ndʑ, ndz, ndʐ⟩ と ⟨ɴd⟩）。
　傅懋勣 1948の表記において、独立の音素となっている巻き舌の閉鎖音・鼻音・流音の系列（上記の ⟨ʈ, ʈ', ɖ, ɳ, ɭ⟩ と ⟨ɳɖ⟩）は、大研鎮方言の音韻体系では、巻き舌ではない閉鎖音・鼻音・流音の系列にまとめられるので、ここでもそのように統合した。
　傅懋勣 1948の表記での子音の /v/ は、ナシ語ピンイン方式においては、漢語からの借用語などに現れるものとして、大文字の「V」で表記することになっているので、ここではそれを加えた。また、傅懋勣 1948で独立の音素となっている /ɔ/ は、大研鎮方言の音韻体系の /o/ にあたり、/ɻ, ʮ/ も、ナシ語ピンイン方式では /ɯ/ に統合され、また、/y/ は /ɯ/ に対応するので、ここでもそのように変換した。
　また、ナシ語ピンイン方式における母音の「v」([ɣ])は、傅懋勣 1948の体系

では /u/ の異音と解釈され、独立の音素とはされていない。本稿での変換においては、ナシ語ピンイン方式の「v」に当たる音は、「v」と記した。一方、傅懋勣 1948で独立の音素とされている /m̥/ と /ɦ/ は、それぞれ、大研鎮方言の音韻体系における /ŋv/ とゼロ子音に当たるので、ここでもそのように処理した。

D. その他のナシ語の表記と、資料の引用についての補足

　以上に挙げた以外にも、本稿で用いたナシ族宗教経典の言語資料には、『納西東巴古籍訳注（一）』や『納西東巴古籍訳注全集』などに収められた、麗江の東巴文化研究所から出された資料がある。これらの資料はIPAを表記法代わりにして記述されたものであるが、これらにはそれが基づく音韻体系や表記法についての説明はなく、また、その表記がどの程度一貫して用いられているのかという点でもやや疑問がある。しかしながら、本稿で引用した資料について言えば、それらの経典の口述者は、いずれも麗江壩方言の分布する地域の出身者であり、その記述もおそらくは麗江壩方言によるものと推察され、また、その記述を見る限りでは、ここに挙げた李霖燦や傅懋勣の資料に見られるような特殊な音声的・音韻的特徴もほとんどない。

　これらの資料の表記においては、李霖燦や傅懋勣の資料にも見られた巻き舌の閉鎖音・鼻音・流音の系列がしばしば見られるが、上に示した対応に準じて処理した。その他の子音や母音についても、上に示した対応に準じた処理を行った。

　なお、本書でのナシ語資料の引用における逐語訳や全訳においては、多くの場合は原典にあるものをそのまま日本語に訳したが、明らかに解釈で問題があるものなどについては、筆者の判断で修正を行っている。そのため、本書での逐語訳や全訳が、必ずしも原典の通りではない場合があることを断っておく。

4. 口語によるナシ語テクスト資料

　ここでは、ナシ語の口語によって語られた洪水神話のテクスト資料を提示する。以下のテクストは、筆者が現地で録音し、ナシ族出身学者の協力を得て書き起こしたものである。採集時期は1999年11月19日、採集地は廸慶チベット(藏)族自治州中甸県三壩郷白地である。インフォーマントは、当地に居住するトンバ、和志本氏(調査時満73歳)である。このテクストの採集にあたっては、筆者はインフォーマントに、「トンバ経典の言葉ではなく、今の言葉で語って欲しい」と要請して語ってもらった。録音時に宗教経典は参照しない状態で語られている。
　以下では、始めにナシ語ピンイン方式の表記法による口語テクストを示し、その文法成分の表示を含めた逐語訳を付した上で、文ごとの日本語訳を示す。各文には番号を付したが、文の区切れの認定はあくまで記述の上での便宜的なものである。
　各文の下に付した逐語訳においては、文法的な成分については《資料編》2に示した略号を用い、それ以外の名詞や動詞などについては、その意味を直接記した。量詞には( )を付し、それ以外にも単独で文の成分になれないものや、《資料編》2に挙げたものに含まれない文法的な成分などについては、( )を付した。明らかに漢語からの借用語である場合には、[ ]内にもとの漢語を示し、日本語の解説が必要なものについてのみ脚注で示した。発音が不明瞭、あるいは音声が小さいため聞き取れなかった部分は、「----」で示した。なお、白地方言独得の発音や単語については、それぞれ脚注で説明した。
　また、文末の助詞などについては、語りの中で音声が変化し、記述が非常に困難なものがある。以下に示したテクストにおいては、記述と解釈について協力していただいたナシ語のネイティブスピーカーによる語感を尊重したが、非常に大きな音声的な変化がある場合には、変化した音声を直接記述した部分がある。さらに各語の声調は、前後の語や文の中で変動がある場合がある。ここ

ではなるべく語本来の声調を記すことにしたが、明らかに異なる声調に聞こえる場合には、それを直接記した場合もある。

以下のテクストの書き起こしと解釈の作業においては、麗江の東巴文化研究所の和力民氏の協力を得た。ここに記して感謝の意を表したい。

トンバの装束に身を包んだ和志本氏（和尚礼氏撮影）

《Coqssei'leel'ee gge gvsee》(ツォゼルグの話)
ツォゼルグ　　　　（構4）　[故事]¹

1. Coqssei'leel'ee chee sseil eqbbeisherlbbei chee waq maq ye,
   ツォゼルグ　これ　（接2）　昔々　これ　である　(末1) (末9)
   Miusseiceeceeq cherl nee ceeq, el waq,
   ムゼツツ　（世代）（構3）来た（副2）である
   ツォゼルグといえば、昔々のことだというが、ムゼツツの代から来た。だろ？

2. Miusseiceeceeq cherl, e, Ceeqsseiyuqssei cherl, Yuqsseijuqssei cherl,
   ムゼツツ　（世代）あ　ツゼユゼ　（世代）　ユゼキュゼ　（世代）
   Juqsseizziqssei cherl, Zziqssei nee Coqssei cherl, a:,
   キュゼジゼ　（世代）　ジゼ　（接6）ツォゼ　（世代）　あー
   ムゼツツの代、あ、ツゼユゼの代、ユゼキュゼの代、キュゼジゼの代、ジゼとツォゼの代、あー、

3. Eil, Coqssei cherl sseil, Leel'ee wal bbeiggvq seiq maq,
   え　ツォゼ　（世代）（接2）ルグ　5　兄弟　(末3)(末1)
   え、ツォゼの代といえば、ルグ5兄弟だな。

4. Leel'ee wal bbeiggvq, Jiqmil chual meiheiq chee maq, welcheekaq,
   ルグ　5　兄弟　　キミ　6　姉妹　これ　(末1)　あれ-(時)
   ルグ5兄弟、キミ6姉妹だ、これがな。あの時は。

5. Ei, Leel'ee wal bbeiggvq jjuq, Jiqmil chual meiheiq jjuq,
   え　ルグ　5　兄弟　いる　キミ　6　姉妹　いる
   え、ルグ5兄弟がいる。キミ6姉妹がいる。

1　漢語：話。物語。

6. Chee ni gvl seil, ebbamei ddee gvl dal waq,
   これ 2（人）（接2） 父母 1 （人）（副4）である
   この二つは、父母が（それぞれ）一人だ。

7. Hei'a:, cheebbei moq,
   へあー これ-（構5）（末1）
   へあー、こうだ。

8. Bbuqdiul² ninvq, sso seil ninvq lei shuqgv me zzeeq,
   外 妻 男（接2）妻（構9）探す-(尾2)（副1）ある
   外には…、妻は…。男はといえば、妻は探すすべがない。

9. Ninvq seil sso lei shuqgv me zzeeq mei,
   妻（接2）男（構9）探す-(尾2)（副1）ある（末2）
   妻はといえば、男は探すすべがないよ。

10. Welteekaq, xi me jjuq maq,
    あれ-（時） 人（副1）いる（末1）
    あの時、（他の）人がいないのだ。

11. Tee zeeggeeqnee leel jjai, tafggeeq,
    それ 理由-（構3）（接4）（接5）彼-（複）
    それだから、彼ら…。

12. Leel'ee wal bbeiggvq seil sso wal gv waq, bbisseeq wal gv,
    ルグ 5 兄弟（接2）男 5 （人）である 兄弟 5 （人）
    ルグ5兄弟は、5人の男だ、兄弟5人。

---

² 大研鎮の発音では、muqdiul。

13. Jiqmil chual meiheiq mil chee seil chual gv seiq, ng:,
　　 キミ　 6　　姉妹　　娘　これ　(接2)　6　(人)(末3)　んー

キミ6姉妹は、この娘が6人だ。んー。

14. Chee wal gv nee wal gv　dol heiq mei, a:,
　　 これ　 5 (人)(構1)　5 (人) 結婚する (態1)(末2) あー

これが、5人が5人と結ばれることになったのだ。あー。

15. Wal gv nee wal gv dol　seil, leijuq mil ddee gvl lei hal mei,
　　 5 (人)(構1) 5 (人) 結婚する (接2)　他に　 娘　1　(人)(副6) 余る (末2)
　　 el　yi,
　　 (副2)(末8)

5人が5人と結ばれたら、あと、娘一人が余る。だろ？

16. Nal,　chee wal gv　dol, ei:,
　　 (接1)　これ　5 (人) 結婚する えー

しかし、このー。5人が結びつくのは、えー、

17. Chee seil jjai me　ddu　bbei ssei kuaq chee zhu seiq,
　　 これ　(接2)(接5)(副1) 許される する なんと　悪い　これ　[種](末3)

これはとても許されないことをした。なんと悪い類のことで、

18. Ddeemerq me　ddu bbei ddee jjiq bbei moq,
　　 1-(少量)　(副1) 許される する　 1　家　成す　(末1)

ちょっと許されないやり方で、一家になったのだ。

19. Tee jjai miu³　gol diu ddiuq gol diu seiq mei,
　　 それ (接5)　天　(構2) 叩く　地　(構2) 叩く (態1)(末2)

それで、天を怒らせ地を怒らせたのだよ。

3　大研鎮での発音は、mee。

20. Miu cherl ddiuq cherl pil tv mei, a:,
　　天　穢す　地　穢す　(態4)　出る　(末2)　あー
　天を汚し地を汚してしまったのだよ。あー。

21. Cheebbei pil seil teeggoq, teeggeeq teiq bbei xe,
　　これ-(構5)　(態4)(接2)　それ-後　　彼-(複)　(副7)　する　(末3)
　こうしてその後…。彼らは（過ちを）犯してしまった。

22. Eil, Jiqmil chual meiheiq jilji　　gge mil gge　milji chee gvl
　　え　キミ　6　姉妹　小さい-(重)　(構4)　娘　(構4)　娘-小さい　これ　（人）
　seil, shuqgv me zzeeq pil seil miugv shuq hee moq,
　(接2)　探す-(尾2)(副1)　ある　(態4)(接2)　天-(尾2)　探す　行った　(末1)
　え、キミ6姉妹の一番小さい（娘）。娘の。この小さい娘は、探すすべがないから、天上へ探しに行ったな。

23. Miugv shuq hee seil miugv nee ddee gvl nee xail　keel mvq
　　天-(尾2)　探す　行った　(接2)　天-(尾2)(構3)　1　(人)(構1)　交合する　行った　(末1)
　maq, a:,
　(末1)　あー
　天上に探しに行ったら、天上で一人と交合しに行ったな。あー。

24. Chee eyi gge, Coqssei'leel'ee chee seil, emei chee seil, eyi xi,
　　これ　今　(構4)　ツォゼルグ　これ　(接2)　母　これ　(接2)　今　人
　shel xi me jjuq,
　言う　人　(副1)　いる
　これ、今の…、ツォゼルグといえば、この母は、今の人は、語る人がいない。

25. Coqssei'leel'ee gge emei chee seil, Jiqmil chual meiheiq jilji
　　　ツォゼルグ　　（構4）　母　これ　（接2）　キミ　　6　　姉妹　小さい-（重）
gge chee gvl gge sso seiq,
（構4）これ（人）（構4）息子（末3）

ツォゼルグのこの母は、（ツォゼルグは）キミ6姉妹の一番小さいこの（娘）の息子だ。

26. Tee gge ebba seil wumil waq, xi dal miugv xi waq,
　　　それ（構4）父（接2）［無名］である　人（副4）天-（尾2）人　である

その父は無名だ。（だが、その）人は天上の人だ。

27. A:, ebba nee miugv xi waq,
　　　あー　父（構1）天-（尾2）人　である

あー、父は天上の人だ。

28. Ei, chee gvl seil ddeemerq zazhu bie seiq ma, el yi,
　　　え　これ（人）（接2）1-（少量）　［雑種］…になる（態1）（末1）（副2）（末8）

え、この人は、ちょっと混血になったな。だろ？

29. Emei nvl a:, ddiuqloq xi, eba nvl miugv xi, a:,
　　　母（接7）あー　地-（尾3）人　父（接7）天-（尾2）人　あー

母は、あー、地上の人。父は、天上の人。あー。

30. Chee nvl zazhu ddee gvl waq,
　　　これ（接7）［雑種］　1　（人）である

この人は、混血だ。

31. Ei, chee ddeemerq suiqbieil ddeemerq miu gge miugv gge qu
　　　え　これ　1-（少量）　　［随便］⁴　1-（少量）　天（構4）天-（尾2）（構4）種
waq seiq maq, el yi,
である（態1）（末1）（副2）（末8）

これはまあまあちょっと、天の、天上の種族になったのだ。だろ？

32. Chee gvl miu gge qu   ddee   waq nee mu gge,
    これ （人） 天 （構4） 種 このような である （構3） 理由 （構4）

この人はこのような天の種族だから。

33. Qiqta gge chual gv gge sso chual gv mil chual gv chee ddee
    ［其他］（構4） 6 （人）（構4） 男 6 （人） 娘 6 （人） これ 1

    jjiq bbei chee seil, chee me shuliq seiq,
    家 成す これ （接2） これ （副1）［順利］⁵ （態1）

ほかの6人の、男6人娘6人が一緒になったのは、これは不吉ということになった⁶。

34. Me ddu   waq bbei sei mei waq,
    （副1）許される である する （態1）（末2）である

許されないことをしたのだ。

35. Chee seil Rhee'laq'epv⁷ nee seil, a'ei, ai'ei:, jjiq dder miugv lal
    これ （接2）   ジラ-長老 （構1）（接2） あえ あえー 水 濁る 天-(尾2) 打つ

    niq seiq, el waq,
    （助4）（態1）（副2）である

これで、ジラアプは、あえ、あえー、洪水を起こさなければならなくなった。だろ？

4　漢語：いい加減に。適当に。
5　漢語：順調である。
6　本当は5人のはずであるが、ここではそのまま記述しておく。
7　白地方言では、epvは「祖父」の意味であるが、大研鎮方言では「祖先」の意味である。ここでは固有名詞の一部に含めて訳す。また、経典のテキストでは、この部分の主語は、「ムルドゥアプ」という別の神である。

36. Cheebbei jai neiq moq, e:,
    これ-(構5) [講]⁸ (態3) (末1) あー

こう言っているんだ。あー。

37. Chee, sso chee sseil jjai, jushee Coqssei'leel'ee jjai emei chee nee
    これ 息子 これ (接2)(接5) [就是]⁹ ツォゼルグ (接5) 母 これ (構1)
    jilji   gge chee gvl, ebba nee ddee, ddeemerq ggv neeq gge sso
    小さい-(重)(構4) これ (人) 父 (構1) 1 1-(少量) 良い (態3)(構4) 息子
    ddee gvl waq,
    1 (人)である

これ、この息子は…、ツォゼルグは、その母が一番小さいこの人。父がちょっと良い(その)息子だ。

38. Ei, chee gvl la ddeeq seiq,
    え これ (人)(副3) 大きい (態1)

え、この人も成長した。

39. Ei, chee miu gge qu ddee waq, miu gge,
    え これ 天 (構4) 種 このような である 天 (構4)

え、これはこのような天の種だ、天の。

40. Neeq cheeggee lu shel neiq maq,
    お前 これ-(辺り) 来い 言う (態3) (末1)

「お前こっちに来い」と言っているのだ。

41. Rhee'laq'epv nee cheeggee lu,
    ジラ-長老 (構1) これ-(辺り) 来い

ジラアプが、「ここに来い」。

---

8 漢語：語る。
9 漢語：すなわち。

42. Neeq leel seil, neeq gge ggvzzeiq ga gge, ai lerl ga gge, e:,
    お前 (接4)(接2) お前 (構4) 物 良い (構4) 穀物 種 良い (構4) あー

    ceecaiq[10] gge, ddeehebbei,
    家畜 (構4) 全部

    「お前は、お前の良い物、良い穀物の種、あー、家畜の、全て…」

43. Yegoq nee, yegoq leiwul tv pil seil, bberq ddee pul kol,
    家 (構3) 家 戻る 着く(態4)(接2) ヤク 1 (頭) つぶす

    「家に、家に帰ったら、ヤク一頭をつぶしなさい。」

44. Bberq ddee pul kol pil seil, bberq, bberq ee nee seil, cheebbei
    ヤク 1 (頭) つぶす(態4)(接2) ヤク ヤク 皮 (構3)(接2) これ-(構5)

    rherddvq bbei daiq,
    湿った-皮袋 (構5) 引っ張る

    「ヤク一頭をつぶしたら、ヤク、ヤクの皮で、このように湿った皮袋のように張って(張って湿った皮袋を作り)、」

45. Rherddvq bbei daiq seil, neeq ddeehebbei kvqjuq eq zee[11] naiq,
    湿った-皮袋 (構5) 引っ張る(接2) お前 全部 中-(方向)(副8) 置く (助4)

    e:,
    あー

    「張って湿った皮袋を作ったら、お前は全部中に置かなければならない。」
    あー、

---

10 大研鎮での発音は、ceesaiq。
11 大研鎮での発音は、ji。

46. Cheebbei pil seil shuashuaq gge rhuqgv,[12] miu gge, eyi xulzzerq
    これ-(構5) (態4)(接2) 高い-(重) (構4) 山-(尾2)   天 (構4) 今 コノテガシワ-木
    negge leelzzerq gu derl bil ner seiq,
    (接6) モミ-木 頭 結ぶ (態4)(助4)(態1)

「こうしたら、とても高い山の上の、天の、今、コノテガシワの木とモミの木のてっぺんに、結ばなければならない。」

47. E:, tee chee hual leel tee, siul naiq'vf seiq maf,
    あー 彼 これ (群)(接4) それ 殺す …したい (態1)(末1)

あー、(ツォゼルグ以外の)あの連中はといえば、殺したいんだな。

48. Chee, bbuq ddee mei kol zherq,
    これ 豚 1 (頭) つぶす (助6)

これ、豚を1頭つぶさせて、

49. Ei, bbuq ee rherddvqloq keel, kuaq gge chee ddeehebbei
    え 豚 皮 湿った-皮袋-(尾3) 入れる 悪い (構4) これ 全部
    ddeewul eq keel seil, teeggeeq meeltai dal der zherq,
    一緒に (副8) 入れる (接2) 彼-(複) 下-底 (副4) 結ぶ (助6)

え、豚の湿った皮袋に入れて、悪いのは一緒に全部入れて、彼らには下に結ばせた。

50. Toq negge bbiqkaggee[13] dal der zherq maf,
    松 (接6) 栗-(間) (副4) 結ぶ (助6) (末1)

松と栗の間に結ばせたな。

---

[12] 大研鎮の発音では、山はjjuq。
[13] 大研鎮の発音では、栗はbbeeq。

51. Ei, toq ne bbiq seil meeltai jjuq mvq, ye,
　　え　松（接6）栗（接2）下-底　　ある（末1）（末9）

え、松と栗は下にあるな。

52. Jjiq dder gge ddee zherl chee, miu shee maq, el　yi,
　　水　濁る（構4）1　ひたる　これ　つかる　死ぬ（末1）（副2）（末8）

え、洪水がちょっと浸れば、溺れ死ぬよな。だろ？

53. Coqssei'leel'ee chee seil gupal　gupal derq muq ye chee, chee
　　ツォゼルグ　　　これ（接2）頭-(方向) 頭-(方向) 結ぶ（末1）（末9）これ　これ

shee me zo ye maf el　yi,
死ぬ（副1）（末6）（末9）（末1）（副2）（末8）

ツォゼルグは、ずっとてっぺんのところに結んでいるから、これは死なないはずだな。だろ？

54. Ei, chee gvl lei　hal ye maf, a:,
　　え　これ（人）（副6）残る（末9）（末1）あー

え、この人は生き残るよな。あー。

55. Ei, Coqssei'leel'ee chee, eyi ddiuqloq xi shee seil, Coqssei'leel'ee
　　え　ツォゼルグ　　　これ　今　地-(尾3)　人　死ぬ（接2）ツォゼルグ

gge ebba Coqssei'leel'ee emei chee nvl shel xi me jjuq,
（構4）父　ツォゼルグ　　　母　これ（接7）言う　人（副1）いる

え、ツォゼルグは、今、地上の人が死んで、ツォゼルグの父、ツォゼルグのこの母（について）は、言う人がいない。

56. Lijai la me jjuq, me see moq, e:,
　　［麗江］（副3）（副1）いる（副1）知る（末1）あー

麗江にもいない。知らないよ。あー。

57. Nal Coqssei'leel'ee chee seil Jiqmil chual meiheiq gge jilji gge
　　(接1)　ツォゼルグ　　　これ　(接2)　キミ　6　姉妹　(構4)小さい-(重)(構4)
　　milmail miugv ggaihee neiq chee gvl gge sso seiq,
　　娘-(後)　天-(尾2)　遊ぶ　(態3)　これ　(人)(構4)　息子　(末3)

しかし、ツォゼルグは、キミ6姉妹の、一番小さい末っ子、天上で遊んだこの人の息子だ。

58. Qiqtal chual gv seil tafggeeq tafggeeq ddee jjiq bbei maf,
　　[其他]　6　(人)(接2)　彼-(複)　彼-(複)　　1　家　成す(末1)

他の6人は、それぞれ一家を成したな。

59. Chee gvl seil dal zzee me jjuq maf, jil chee gvl,
　　これ　(人)(接2)一緒になる　友　(副1)　ある　(末1)小さい　これ　(人)

この人は、一緒になる相手がなかったな。この末っ子は。

60. Chee seil chee gvl miugv hee seil, miugv ddee gvl gol ggaihee
　　これ　(接2)　これ　(人)　天-(尾2)行った(接2)　天-(尾2)　1　(人)(構2)　遊ぶ
　　pil seil jjai, Coqssei'leel'ee chee miu gge sso waq,
　　(態4)(接2)(接5)　　ツォゼルグ　　　これ　天　(構4)　息子　である

この末っ子は、天上に行くと、天上で、ある人と遊んだから、ツォゼルグは天の息子だ。

61. Nal ebba nee wuqmiq ye, emei nee chee gvl waq, a:,
　　(接1)　父　(構1)　[無名]　(末9)　母　(構1)これ　(人)である　あー

しかし、父は無名だ。母はこの人だ。あー。

62. Tei gge see jjai, mailjuq leel seil, Coqssei'leel'ee, chee hual leel
　　それ(構4)先に(接5)　後-(方向)(接4)(接2)　　ツォゼルグ　　　これ　(群)(接4)
　　me jjuq pil seil,
　　(副1)　ある(態4)(接2)

その先には…、後には、ツォゼルグは、(ツォゼルグ以外の)連中がいなくなると、

63. Jjiqloq nee miu shee seiq, el　yi,　me jjuq seiq maq,
　　　水-(尾3)(構1)つかる　死ぬ　(態1)(副2)(末8)(副1)いる　(態1)　(末1)

水の中で溺れ死んだな。だろ？いなくなったな。

64. Me jjuq pil seil ddiuqloq chee Coqssei'leel'ee lei cvq pil seil xi
　　　(副1)いる(態4)(接2)　地-(尾3)　これ　　ツォゼルグ　　　(副6)〔除〕(態4)(接2)人

ddee gvl la　me jjuq sei mei waq,
　1　(人)(副3)(副1)いる(態1)(末2)である

いなくなると、地上には、ツォゼルグを除いて、一人もいなくなったんだな。

65. Chee gvl eq ziul maf, a:,
　　　これ　(人)(副8)残す　(末1)あー

この人を残したんだな。あー。

66. Miugv pvlaq nee chee gvl eq ziul maq, chee gvl me siul maf,
　　　天-(尾2)　神　(構1)これ　(人)(副8)残す　(末1)　これ　(人)(副1)殺す　(末1)

天の神が、この人を残したんだな。この人を殺さなかったな。

67. Chee miu gge qu waq, ei, chee eq ziul maq,
　　　これ　天　(構4)　種　である　え　これ　(副8)残す　(末1)

彼は天の種族だな。え、これを残したんだな。

68. Ei, chee ddee ni　ggv ceeq seil, chee bbvqcheeni bbei ddee
　　　え　これ　1　(日)…になる(来る)(接2)　これ　毎-これ-(日)　(構5)　1

ddiuq bbei ggaihee ddee ddiuq bbei gueq,
　場所　(構5)　遊ぶ　1　場所　(構5)ぶらつく

え、これで、ある日になると、（ツォゼルグは）毎日、ある場所で遊び、ある場所でぶらついた。

69. Cheebbei dal gueq seiq mei,
    これ-(構5) (副4) ぶらつく (態1) (末2)
    ただこうしてぶらついていたんだな。

70. Haiqshee mil ddee gvl la me ddoq ye moq e:,
    [還足]14 娘 1 (人)(副3)(副1) 会う (末9)(末1) あー
    やっぱり1人の娘にも会わなかったよ。あー。

71. Ei, Ceilheeqbbobboqmil chee seil miugv miu gge mil seiq maf
    え ツェフボボ-(娘) これ (接2) 天-(尾2) 天 (構4) 娘 (末3)(末1)
    Rhee'laq'epv gge mil maq, el yi,
    ジラ-長老 (構4) 娘 (末1)(副2)(末8)
    え、ツェフボボミは、天上の、天の娘だな、ジラアプの娘だな。だろ？

72. Nal chee gvl tee, eyi, Miuzzeika'la gol yel ye,
    (接1) これ (人) それ 今 ムゼカラ (構2) 与える (末9)
    しかし、この人は、今、ムゼカラに(嫁に)やった。

73. E:, nal Miuzzeika'la gol me pieq, mil chee gvl, Coqssei'leel'ee
    あー (接1) ムゼカラ (構2)(副1) 好む 娘 これ (人) ツォゼルグ
    gol pieq, e:,
    (構2) 好む あー
    あー、しかしムゼカラを好まず、この娘はツォゼルグを好んだ。あー。

74. Tee seil cheeni bbei, chee gvl ni naiqme'vq[15] pil chee meeltai
    それ (接2) これ-(日) (構5) これ (人) したがる (副1)-したがる (態4) これ 下-底
    ddiuqloq dal lei shuq ceeq,
    地-(尾3) (副4)(副6) 訪ねる 来た
    それで、この日、この人は嫌がって、下の、まさに地上に訪ねて来た。

---

14 漢語：やはり。
15 naiq'vq(望む)に否定のme(副1)が入り込んだ形式。

75. Coqssei'leel'ee dal shuq,
    ツォゼルグ　　　(副4) 訪ねる
    ツォゼルグだけを訪ねて。

76. Ei, ddee ni　ggv seil cheebbei zhualzhua bil ddilyif ddee dol
    え　1　(日) …になる (接2) これ-(構5)　[転転]　(態4)　[第一]　1　(回)
    gobvl la ni gvl bbei me jaijul seiq maf,
    出会う(副3) 2　(人)　(副5)　(副1)　話す　(末3) (末1)
    え、ある日になって、このように行ったり来たりして、まず一回出会っても、(最初だから)二人ともしゃべらなかったな。

77. Haiqshee cheelka bbei gueq seiq meif,
    [還是]　食い違う　(構5) ぶらつく (態1) (末2)
    やはりうまく会わずに、ぶらついていた。

78. Gueqgueq pil seil gueq sei pil seif, ni dol, chee sseeq seil
    ぶらつく-(重) (態4) (接2) ぶらつく (態1)(態4)(接2)　2　(回)　これ　(回) (接2)
    elnigvl ni zhua ggv seiq,
    我々-2-(人) 2　[転] …になる (態1)
    ぶらついていると、ぶらついてくると、2回、今回我々二人は(出会うのが)2回になった。

79. Cheeweil nee gobvl gge ni zhua ggv seiq,
    これ-(位置) (構3) 出会う (構4) 2　[転] …になる (態1)
    ここで出会ったのが2回になった。

80. Nal cheeloq seil, seiqka ddee zzerq zzeeq,
    (接1) これ-(尾3) (接2)　梅　1　(本) 生える
    しかし、ここには、梅が一本生えている。

81. Cheekaq seil seiqka chee zzerq seil bbaq lei ggeq neiq seiq,
    これ-(時) (接2) 梅 これ (本) (接2) 花 (副6) 落ちる (態3) (態1)
    今は、この梅は、花が落ちている。

82. A:, bbabbaq sei seiq,
    あー 咲く-(重) 終わる (態1)
    あー、花が咲き終わった。

83. Chee elnigvl chee, mail chee dol ddee jjiq bbei bbee, tal me
    これ 我々-2-(人) これ 後 これ (回) 1 家 成す (態2) (助2) (副2)
    tal seil zzerq chee zzerq nee ddee, bbuqdiul shel zherq bbee, a:,
    (助2)(接2) 木 これ (本)(構3) 1 外 言う (助6) (態2) あー
    これが、我々二人は、次の一回で一家になろう。（それが）良いかどうかは、
    この木に言わせる。あー。

84. Seiqka chee zzerq tee eyi bbaq ggeq seiq, nal leijuq ddee dol
    梅 これ (本) それ 今 花 落ちる (態1) (接1) 再び 1 (回)
    bbaq,
    咲く
    この梅は、今は花が落ちている。しかし、もう一回咲けば、

85. Leijuq ddee dol leel bbaq tv lee seil elnigvl ddee jjiq bbei tal
    再び 1 (回) (接4) 咲く 出る 来る (接2) 我々-2-(人) 1 家 成す (助2)
    seiq,
    (態1)
    もう一回咲いたならば、我々二人は一家になってよいということになる。

86. Bbaq leel bbaq me tv seil jjai ddee jjiq me bie seiq,
    花 (接4) (花) (副1) 出る (接2)(接5) 1 家 (副1) 成る (態1)
    もう一回花が咲かなければ、一家にはなれないということになる。

87. Chee, ni gvl bbei lei zhual bul, leijuq, cheeweil lei tv seil
    これ　２　(人)　(副5)　(副6)　[転]　(構6)　再び　これ-(位置)　(副6)　着く　(接2)

    seiqka chee zzerq tee, leijuq ddee dol teiq lei bbaq maf, a:,
    梅　これ　(本)　それ　再び　１　(回)　(副7)　(副6)　咲く　(末1)　あー

これで、二人がまたぶらついて、再びここに着いたところ、この梅の木が、もう一度咲いたのだよ。あー。

88. Chee seil tal sei, chee ddee dol eq bbaq seiq maq, elnigvl ddee
    これ　(接2)　(助2)　(態1)　これ　１　(回)　(副8)　咲く　(態1)　(末1)　我々-2-(人)　１

    jjiq bbei,
    家　成す

これなら良い。これ、一回咲いたのだよ。我々二人は一家になる。

89. Ei, zzerq chee zzerq nee gaishai yel neiq moq, chee ni gvl
    え　木　これ　(本)　(構1)　[介紹][16]　(与える)　(末4)　(末1)　これ　２　(人)

    leel, a:, seiqka chee zzerq,
    (接4)　あー　梅　これ　(本)

え、この木が仲を取り持ったのだよ。この二人は。あー、この梅の木が。

90. Seiqka luamoq, perq nal lee gaizhu, seiqka luamoq bbaq, hol hei
    梅　ルァモ　白　黒　地　接する所　梅　ルァモ　花　８　(月)

    ni jju bbaq shel maf ye, a:,
    ２　(回)　花　言う　(末1)　(末9)　あー

ルァモの梅、白と黒の地の接する所、ルァモの梅の花、８ヶ月に２回咲く、と言うよ。あー。

---

[16] 漢語：紹介する。

91. Chee seiqka tee ni dol bbaq lei ceeq, chee seil chee gvl gol nee
　　これ　梅　それ　2　(回)　咲く　(副3)　来た　これ　(接2)　これ　(個)　(構2)　(構3)

　　ceeq mei, a:, ni dol bbaq chee,
　　来た　(末2)　あー　2　(回)　咲く　これ

この、梅が2回咲くというのは、これから来たんだ。あー、2回咲くというのは。

92. A:, elggeeq xi gge bbeicheeqsseeq gge yei, eqbbeisherlbbei seil
　　あー　我-(複)　人　(構4)　人類　(構4)　(末7)　昔　(接2)

　　ni lei quq shel mei seiq, chee zhua,
　　求める　(副6)　求める　言う　(末2)　(末3)　これ　[種]

あー、我々人間の、人類の、昔々と言えば、求めあう（結婚）と言うのだ。この種の。

93. Ni lei quq zzeeq chee la haiqshee cheeweil nee ceeq, e:,
　　求める　(副6)　求める　婚姻　これ　(副3)　[還是]　これ-(位置)　(構3)　来た　あー

求め合う結婚というのも、やはりここから来た。あー。

94. Wejuqwe piepieq gge ddee jjiq bbei seiq maq,
　　自分　好む-(重)　(構4)　1　家　成す　(態1)　(末1)

自分が好きなのが、一家になるのだな。

95. Eqbbeisherlbbei seil ddeehebbei bobal maq, el ei,
　　昔　(接2)　全部　[包辦][17]　(末1)　(副2)　(末8)

昔は、みんな親が取り決める結婚だな。だろ？

17　漢語：親の取り決めた結婚。"包辦婚姻"。

96. Neeq la nge dol pieq, ngeq la neeq dol pieq yel piepieq gge
　　　お前 (副3) 私 (構2) 好む　　私 (副3) お前 (構2) 好む (末9) 好む-(重) (構4)

chee zhua seil ni lei quq shel seiq moq,
これ [種] (接2) 求める (副6) 求める 言う (末3) (末1)

お前も私を好きだ、私もお前を好きだというような、愛し合うこういうのが、求め合う(結婚)というのだな。

97. Ei, seiqka chee zzerq nee gaishai yel ei:, chee ni gvl ddee jjiq
　　え 梅 これ [本] (構1) [介紹] (与える) えー これ 2 (人) 1 家

bbei zherq, e:,
成す (助6) あー

えー、この梅の木の取り持ちで、この二人を一家にさせた。あー。

98. Ddee jjiq bbei bbee, ni gvl bbei shvlshv bul ggeq hee,
　　1 家 成る (態2) 2 (人) (副5) 連れる-(重) (構6) 上 行った

一家になる(ということで)、二人で連れ立って上に行く。

99. Ggeq hee seil, mil chee gvl chee sso chee gvl gol jjaif pieq mei,
　　上 行った (接2) 娘 これ (人) これ 男 これ (人) (構2) とても 好む (末2)

上に行くと、この娘はこの男がとても好きだな。

100. Ei, me nua gv nieq ga ye, ddee mei gv ei, chee bieil
　　え (副1) 気づく (尾2) …の間に 鶴 (末9) 1 (羽) (尾2) え これ [変]

ddeemerq Coqssei'leel'ee nee ddeemerq bieil bbei jil bbei bieil
1-(少量)　　ツォゼルグ　　(構1) 1-(少量) [変] する 小さい (構5) [変]

pil seil ga ddee mei gge cheeweil eq ggaiq shel maf,
(態4) (接2) 鶴 1 (羽) (構4) これ-(位置) (副8) 挟む 言う (末1)

え、気づかない間に、一羽の鶴の、えー、これをちょっと、ツォゼルグをちょっと小さくして、鶴のここ(脇の下)に挟んだと言うんだな。

101. Cheebbei ggaiq bul miugv miu ddo hee,
　　　これ-(構5)　挟む　(構6)　天-(尾2)　天　上る　行った

このように挟んで、天上に上って行った。

102. Ei, Rhee'laq'epv gge yegoq tv pil seif, mil chee nee teiq ggv
　　え　ジラ-長老　(構4)　家　着く　(態4)(接2)　娘　これ　(構1)(副7)　隠す

moq, teiq ggv,
(末1)　(副7)　隠す

え、ジラアプの家に着くと、この娘が隠したんだな。隠した。

103. Ngvq nei haiq kel ddeeliuloq, bbvq lvl shel neiq moq,
　　　銀　(接6)　金　かご　1-(個)-(尾3)　　下　被せる　言う　(態3)　(末1)

銀と金の籠の中に、被せたと言うんだな。

104. Ei, taf nee seiqbbei shel, ai'ei:, Rhee'laq'epv chee nee, taf tee
　　　え　彼　(構1)　どう-(構5)　言う　あえー　ジラ-長老　これ　(構1)　彼の家　それ

bbu[18] la rherq zeel wei,
羊　(副3)　驚く　(末5)　(末7)

え、彼がどのように言っているか、あえー、ジラアプは、彼の家では羊が驚く、と言うんだな。

105. Bbu seil yuq shel neiq maq, el ei,
　　　羊　(接2)　羊　言う　(態3)　(末1)(副2)　(末8)

ブ(羊)ってのは羊を言うんだな。だろ？

106. Meekvl leel ggv seil bbu rherq, a:,
　　　夜　(接4)　…になる　(接2)　羊　驚く　あー

夜になると羊が驚く。あー。

---

[18] 次の文でも述べられるように、現在の口語ではyuqが一般的な単語である。

107. Kee　lvq,
　　　犬　吠える
犬が吠える。

108. Kee chee seiqbbei lvq,
　　　犬　これ　どう-(構5)　吠える
犬はどうほえるか？

109. Ddeenibbei kvqjuq nee bbuqjuq dal　lvq,
　　　1-(日)-(構5)　中-(方向)　(構3)　外-(方向)　(副4)　吠える
一日中、中から外に向かって吠える。

110. Bbuqdiul nee kvqjuq dal　lvq, bbuqdiul jjuq nvl seil yei kvqjuq
　　　外-(方向)　(構3)　中-(方向)　(副4)　吠える　外-(方向)　いる　(接7)　(接2)　(末7)　中-(方向)
dal　lvq,
(副4)　吠える
外から中に向かって吠える、外にいると中に向かって吠える。

111. xi chee gvl kvqjuq eq nai　seiq maq, a:,
　　　人　これ　(人)　中-(方向)　(副8)　隠れる　(態1)　(末1)　あー
この人は中に隠れただろ。あー。

112. Ei:, yuq chee mei seil leijuq goq nee bbuqdiul nee hiul seil
　　　えー　羊　これ　(頭)　(接2)　今度は　中　(構3)　外-(方向)　(構3)　立つ　(接2)
nilmer nee ggeq zeezeeq　bbei seil goq nee kvqjuqgoq ddee
鼻　(構3)　上　持ちあげる-(重)　(構5)　(接2)　中　(構3)　中-(方向)-中　　1
nvq neiq eil rherq, shel, rherq,
嗅ぐ　(態3)　え　驚く　言う　驚く
えー、この羊は、それから中に…、外に立つと、鼻をもたげて、中に、中に向かってちょっと臭いを嗅いで、驚くと言うんだな、驚く。

113. Chee Rhee'laq'epv chee nee ddee siuq ddee ggv cheeweil jjuq
    これ ジラ-長老 これ (構1) 1 (種) 1 (人) これ-(位置) いる
seiq, siul bbee shel neiq ye,
(態1) 殺す (態2) 言う (態3) (末9)

これで、ジラアプは、何かがここにいる、殺すんだと言って、

114. Ddeenibbei ggaiq si[19] shel maq, ggaiq si, ggaiq si ggaiq caq,
    1-(日)-(構5) 長刀 研ぐ 言う (末1) 長刀 研ぐ 長刀 研ぐ 長刀 〔擦〕

一日中、刀を研ぐと言うんだな。刀を研いで、刀を研いだり擦ったり、

115. A:, ggaiq si ggaiq caq pil seil, mil chee nee chee gol milddo,
    あー 長刀 研ぐ 長刀 〔擦〕(態4)(接2) 娘 これ (構1) これ (構2) 問う

あー、刀を研ぐと、この娘がこれに問うた。

116. Epv, wel, ggaiq si ezeebbei dal si, ggaiq caq ezeebbei dal caq,
    お爺様 あなた 長刀 研ぐ 何-(構5)(副4) 研ぐ 長刀 〔擦〕 何-(構5)(副4)〔擦〕

お爺様、あなたは、刀を研ぐのはどうしたのです？ 刀を擦るのはどうして擦るのです？

117. Ggaiq si nee, wel, bbu lei derl la bbu rherq chv lullu, bbiuq
    長刀 研ぐ (構1) あなた 羊 (構9) 夜 (副3) 羊 驚く ずっと 震える 外
nee kvq lei liuq bbei dal rherq ye,
(構3) 中 (副6) 見る (構5)(副4) 驚く (末9)

刀を研ぐのは、あなた、羊は、夜になると羊は驚いてずっと震え、外から中を見て驚く。

---

[19] 大研鎮での発音は、seel。

118. Soq bbukee pai, bbu lvq cheegolgo nvl, kuq nee, bbiuq nee kvq
　　　　朝　羊-犬　結ぶ　羊　鳴く　（鳴く様子）（接7）　中　（構3）　外　（構3）　中

lei liuq bbei dal lvq neiq moq,
（副6）見る（構5）（構4）鳴く（態3）（末1）

朝、牧羊犬を結ぶ。羊が鳴き続ける。中に…、外から中を見て鳴いているのだな。

119. Chee zeeggeeqnee seil ggaiq si nvl cheebbei si, ggaiq caq nvl
　　　これ　　理由-(構3)　　(接2) 長刀 研ぐ (接7) これ-(態5) 研ぐ 長刀 [擦] (接7)

cheebbei caq, ei, cheebbei bbei bbee shel maf ye,
これ-(態5)　[擦]　え　これ-(構5)　　する　(態2)　言う（末1）（末9）

これだから、刀を研ぐのはこのように。刀を擦るのはこのように擦る。え、こうするのだと言うんだな。

120. Eil, mil chee nee shel seil, e'ei:, chee gvl seil me waq seiq,
　　　 え　娘　これ　(構1) 言う (接2) あえー　これ　(人)(接2)(副1) である (態1)

え、この娘が言うのは、あえー、この人は違いますよ。

121. Sso ee laqmei ddeeq, sso pv cerl me tal ddee gvl waq, ng:,
　　　 男　良い　親指　　大きい　男　価値　壊す（副1）（助2）　1　（人）である　んー

親指の大きい良い男。価値のある、害してはいけない男です。んー。

122. Chee seil me kel[20] wuq me puq, kel lei wuq puq ddee gvl
　　　 これ　(接2)(副1) すごい 使用人 (副1) 逃げる すごい (構9) 使用人 逃げる 1 （人）

waq moq,
である（末1）

これは、（主人が）すごくなければ使用人は逃げず、すごければ使用人は逃げる、そのような男です。

---

[20] kelを「健康だ」とする解釈もある。

123. Ei, jjaif xi rvq gge ei, xi ga ddee gvl waq,
え とても 人 良い (構4) え 人 良い 1 (人)である

え、とても良い、人のいい男です。

124. Chee eggeeq yegoq, miu leel tv leel jjai, haliu ci ezee ni bbei
これ 我-(複) 家 天 (接4)出る (接4)(接5) 穀物 見張る 何 要る する

zherq bbee,
(助6) (態2)

これは、我々の家で、天が晴れれば、穀物を見張ったり、いろいろ必要なことをさせます。

125. Miu zza lei leel seil, jjiq shu zherq kail bbaiq zherq kai shul
天 曇り (副6)(接4)(接2) 水 引く (助6) 溝 通す (助6) 溝 引く

zherq, chee zhua bbei bbee,
(助6) これ [種] する (態2)

天が曇れば、水を引かせたり、溝を通させたり、溝に水を引かせたり、こういうことをさせます。

126. Chee seil, epv chee la, ng:, chee leel waq seil, ddeemerq,
これ (接2) 長老 これ (副3) んー これ (接4)である (接2) 1-(少量)

suiqbieil ddeemerq ggee heiq maq,
[随便] 1-(少量) 信じる (態1) (末1)

こうすると、この長老も、んー、これであるならば、まあまあ少し信じたのだな。

127. Ei, ggee seil, ng:, chee leel waq seil, neeq mailtoq ggaiq tal
え 信じる (接2) んー これ (接4)である (接2) お前 後-(後) 長刀 鋭い

leizzeeqgv nee shv, shv bul lu ner,
梯子-(尾2) (構3) 連れる 連れる (構6) 来い (助4)

え、信じると、んー、これならば、お前、後ろの鋭い刀の梯子の所から連れて来なさい。

128. Sseisseiq gge serltei nilni gge ggaiq tal el yi, rertei, rertei
　　　鋭い　（構4）　剃刀　同じ　（構4）　長刀　鋭い　（副2）　（末8）　ナイフ　ナイフ

gge leizzeeq, e:,
（構4）　梯子　あー

鋭い剃刀のような鋭い刀。だろ？ナイフ、ナイフの梯子。あー。

129. Cheegol nee shv lee dder,
　　　これ-(中)　（構3）　連れる　来る　（助3）

この中から連れて来なければいけない。

130. Cheeweil seil eggeeq kee chee eq ba seil ddeekaq nee kee herl,
　　　これ-(位置)　(接2)　我-(複)　足　これ　(副8)　つく　(接2)　1-(時)　（構3）　足　切る

shai bbvq zo neeq, rertei nee rertei, ggaiq tal,
血　出る　(末6)　(末4)　ナイフ　(末4)　ナイフ　長刀　鋭い

ここは、我々の足がついたならば、あっという間に、足が切れて血が出る。ナイフ、ナイフ、するどい刀。

131. Ei, cheeweil nee shv bul lee, weilti leel me jju seil chee xi
　　　え　これ-(位置)　(構3)　連れる　(構6)　来る　[問題]　(接4)　(副1)　ある　(接2)　これ　人

rua ddee gvl waq seiq,
すごい　1　（人）　である　(態1)

え、ここから連れて来て、問題がないならば、これはすごい人だ。

132. E:, chee, mil chee tee bailfa jjuq maq,
　　　あー　これ　娘　これ　それ　[辦法][21]　ある　(末1)

あー、これ、この娘は、方法があるんだな。

21　漢語：方法。

133. Mil chee tee chee gol pieq yel chee nee bailfa zeiq,
      娘 これ それ 彼 (構2) 好む (接5) これ (構1) [辦法] 使う

この娘は彼が好きだから、方法を使う。

134. Ei, chee nee hua pil seil, ggaiq tal go nee, ggaiq tal
     え これ (構1) 呪文を唱える(態4)(接2) 長刀 鋭い 上 (構3) 長刀 鋭い

leizzeeqgol nee chel bul ddee ba ddee ba chel pul,
梯子-(上) (構3) 踏む (構6) 1 [把] 1 [把] 踏む (構6)

え、彼女は呪文を唱えて、鋭い刀の上を、鋭い刀の梯子の上を一歩一歩踏んで、

135. Kvqjuq ba la, kvqjuq ba pil seil, Rhee'laq'epv nee laq liuq,
     中-(方向) 着く (副3) 中-(方向) 着く (態4)(接2) ジラ-長老 (構1) 手 見る

中に着いても、中に着くと、ジラアプが手を見る。

136. Laq la ddeemerq ggaiq ree me jju,
     手 (副3) 1-(少量) 長刀 道 (副1) ある

手にはちょっとの刀の跡もない。

137. Kee gol lei liuq la kee la haiqsheel, ggaiq ree me jjuq mei,
     足 (構2) (副6) 見る (副3) 足 (副3) [還是] 長刀 道 (副1) ある (末2)

足を見ても、足にもやはり、刀の跡はないな。

138. Ei:, chee seil ddeemerq tal gge ddee gvl waq keel moq, ei,
     えー これ (接2) 1-(少量) すごい (構4) 1 (人)である たぶん (末1) え

え、これならば、ちょっとすごい奴かも知れないな、え。

139. Tee seil lei tee lee zherq,
     それ (接2)(副6) 彼 来る (助6)

そうして、彼を来させた。

140. Tee bbei seil Rhee'laq'epv, neeq[22] gge mil tee ngeq gol ddee yel
　　　それ　する（接2）　ジラ-長老　　あなた（構4）娘　それ　私（構2）1　与える

neiq yel, shel keel ye moq,
（末4）（副9）　言う　行った（末9）（末1）

そうすると、ジラアプ、あなたの娘を私に下さい、と言ってやったな。

141. Yel muq la　yel tal moq,
　　　与える（末1）（副3）与える（助2）（末1）

与えてくれと言うなら与えてもいいぞ。

142. Yel tal nal neeq, ddaiq bbei ggv xiq ddee cerl bbei,
　　　与える（助2）（接1）お前　有能だ（構5）9　焼畑の山　1　切る　する

　　　------------- la dder seiq,
　　　　　　　　　（副3）（助3）（態1）

与えてもよいが、お前、有能に9つの焼畑の山（の木）を全部切って[23]、
---------しなければならないのだ。

143. Ggv xiq ddee bber bbei, e:,
　　　9　焼畑の山　1　焼く　する　あー

九つの焼畑の山を全部焼きなさい。あー。

144. Lerl pvl lerl lei seel bbei,
　　　種　蒔く　種（副6）拾う　する

種を蒔いたら今度は種を拾いなさい。

22　大研鎮での二人称におけるneeqは、自分より目下の者に対する言い方であるが、白地の方言では、neeqは目上・目下の区別なく二人称に使われる。
23　ddee(1)は、副詞的に使われた場合、「ちょっと」の意味と「すべて」の意味がある。ここでは後者。

145. Chee zhu bbei chee dol kaq seiq maf el yi,
　　　これ　（種）（構5）これ　（構2）[考]²⁴（態1）（末2）（副2）（末8）

このようにこれを試したんだな。だろ？

146. Nal chee nee seil, bbeibbei ggv ba shuq, ggv ba,
　　　（接1）これ（構1）（接2）　斧-(重)　9（[把]）²⁵）探す　9（[把]）

しかし、彼は、9本の斧を探した、9本。

147. Bbeibbei ggv ba shuq seil ggv ba bbei ggv xiqgol eq ji
　　　斧-(重)　　9　（[把]）探す（接2）9　（[把]）（副5）9　焼畑の山-(所)（副8）置く

pil seil tee seil tei lei yil,
（態4）（接2）彼（接2）そこ（副6）寝る

9本の斧を探すと、9本全てを9つの焼畑の山の辺りに置いて、そして彼はそこに寝た。

148. Ggv xiq bbei ddee cerl bbei cerl pil seil a:, mail tee soq lei
　　　9　焼畑の山（構5）1　切る　する　切る（態4）（接2）あー　後　それ　朝　（副6）

liuq seil ggvq xiq bbei eq cerl seiq, e:,
見る（接2）9　焼畑の山（構5）（副8）切る（態1）あー

9つの焼畑の山全部が切られて、あー、次の朝に見ると、9つの焼畑の山は切ってあった。あー。

149. Ei, bber la heeq muq ei,
　　　え　焼く（副3）容易だ　（末1）え

え、焼くのも容易だな。え。

24　漢語：試験をする。
25　漢語：取っ手のあるものを数える量詞。

150. E, ggv xiq ddee bber bbei, ggv xiq ddee pvl bbei,
　　　あ　9　焼畑の山　1　焼く　する　9　焼畑の山　1　蒔く　する

あ、9つの焼畑の山を全部焼いて、9つの焼畑の山に全部蒔いて、

151. Pvl seiq mei, e, lerl lei seel bul lee ner shel seiq maf ye, e
　　　蒔く（態1）（末2）あ　種（副6）拾う（構6）来る（助4）言う（態1）（末1）（末9）あ

lerl lei seel,
種（副6）拾う

蒔いたら、あ、種を拾って来いと言うんだな。あ、種を拾う。

152. Lerl lei seel bul ceeq mei, seel liu lei me aq shel maq, seel
　　　種（副6）拾う（構6）来た（末2）3（粒）（構9）（副1）集まる　言う（末1）3

liu,
（粒）

種を拾って来たらな、3粒が集まらないと言うんだな。3粒。

153. lerl seel liu lei me aq, shel maq ye,
　　　種　3（粒）（構9）（副1）集まる　言う（末1）（末9）

種3粒が集まらないと言うんだ。

154. Ei, cheeggvq seil ddee liu ddee ggee seil, e'ei:, eeheeq ler
　　　え　これら（接2）1（粒）1（半分）（接2）あぇー　キジバト　砂嚢

nieq yi seiq,
（構3）ある（態1）

え、これらは、一粒と半分は、あぇー、キジバトの砂嚢に入っていた。

155. Ddee liu ddee ggee nee e, chual'wa teel nieq yi moq, el yi,
　　　1（粒）1（半分）（構1）あ　アリ　腰（構3）ある（末1）（副2）（末8）

一粒と半分は、あ、アリの腰に入っていたんだな。だろ？

156. Ei, seil, Coqssei'leel'ee chee, ser sheeq daqnaq ddee ba bul seil,
　　　え（接2）　ツォゼルグ　　これ　木材　黄　弩弓　1　[把] 持つ（接2）

luamuq chee mei kail naiq'vq seiq maq, kail,
鳥の一種　これ　（羽）射る　…したい（態1）（末2）射る

え、すると、ツォゼルグは、黄色い木の弩弓を持つと、狙って、この鳥を射ようとした。

157. Teiq lerller pil seil, lerl gvl kail me gvl maq,
　　　（副7）狙う-（重）（態4）（接2）狙う（助1）射る（副1）（助1）（末1）

狙ったが、狙うことはできても射れないのだな。

158. Daiq moq, keel me gvl ye maq, teiq daiq pil e,
　　　引く（末1）放つ（副1）（助1）（末9）（末1）（副7）引く（態4）あ

（弓を）引いてな、放てないんだな、引いた。あ。

159. Teiq daiq pil seil, mil chee nee shu perq dailmei ddee ba nee
　　　（副7）引く（態4）（接2）娘　これ（構1）鉄　白　梭　1　[把]（構3）

cheeweil ddee heel nee mei, el ei,
これ-（位置）　1　打つ（構8）（構7）（副2）（末8）

引くと、この娘が白い鉄の梭でここをちょっと打つ、だろ？

160. Chee bbvq lei heel seil, chee kail mai,
　　　これ　発射する（副6）行った（接2）これ　射る（助5）

これが放たれて、これが当たった。

161. Ddee liu nee ddee ggee nvl lei tv moq,
　　　1（粒）（接6）1（半分）（接7）（副6）出る（末1）

一粒と半分は、見つかったな。

162. Nal ei, ddee liu ddee ggee seil yi, e:, chual'wa teel nieq yi
     (接1) え 1 (粒) 1 (半分) (接2) (構10) あー   アリ   腰 (構3) ある
moq,
(末1)

しかし、え、一粒と半分は、あー、アリの腰に入っているんだな。

163. Ei:, rua mai keeq, keeq ceeq ddee keeq bul seil, ei:, chual'wa
     えー 馬 尾 糸   糸   細い 1   (本) 持つ (接2) えー   アリ
teelbbiq gge ei, tee eq peel we shel seil,
腰-細い (構4) え それ (副8) 切る (末7) 言う (接2)

えー、馬の尾の糸、細い糸を一本持って、えー、アリの細い腰の、それを切ると言って、

164. Jushee, chee ni gvl nee chual'wa, rua mai keeq nee zee pil
     [就是] これ 2 (人) (構1) アリ   馬   尾 糸 (構3) 締める (態4)
maq,
(末1)

この二人がアリを、馬の糸で締めたんだな。

165. Ei, haliu tee cheebbei lei tv mei,
     え 穀物-(粒) それ これ-(構5) (副6) 出る (末2)

え、穀物の粒は、このように見つかったな。

166. Seel liu zzeeqpeil lei tv seiq mei,
     3 (粒) 半分   (副6) 出る (態1) (末2)

3粒と半分が見つかったな。

167. Chee rheeq seil, mil sseeq jji[26] yel lu, ngvq haiq sal bbiu
　　　これ　（時）（接2）　娘　娶る　衣服　与える（命令）　銀　　金　品物　分ける
　lu　shel　ye, e:,
（命令）言う（末9）あー。

この時に、嫁入りの衣装を与えてください、金銀の品物を分けてください、と言ったな。あー。

168. Tee, neeq nee　ni mei nvl ye, neeq yel tal,
　　　それ　お前（構1）求める（構7）（接7）（末9）お前　与える（助2）

それは、お前が求めるものは、お前に与えてもよい。

169. Chee nvl　ye neeq nee bbiu ddee seiq, e:, tal seiq,
　　　これ（接7）（末9）お前　（構1）分ける　得る（態1）あー（助2）（態1）

これは、お前は分け与えられるのだ。あー。よろしい。

170. Nal neeq leijuq, neeq ngeq gge mil leel ni seil, neeq leijuq, la
　　　（接1）お前　再び　お前　私（構4）娘（接4）求める（接2）お前　再び　虎
　nil chuaq bul lu, e:,
　乳　搾る（構6）来い　あー

しかしお前、今度は、お前が私の娘を求めるなら、お前、今度は、虎の乳を搾って来い。あー。

171. Ddaiq mei la nil chuaq bul lu,
　　　有能な（構7）虎　乳　搾る（構6）来い

有能に虎の乳を搾って来い。

172. Ei, dilyi ddee sseeq seil jjai, mil chee gol me zzeeqgguei,[27]
　　　え［第一］　1　（回）（接2）（接5）娘　これ（構2）（副1）相談する

え、最初の1回目は、この娘に相談しなかった。

---

[26] 主として経典に出現する語。この部分は経典の文句の引用である。
[27] 大研鎮での発音は、zzeeqggue。

173. Mil chee gol me zzeeqgguei pil seil wejuqwe hee seil, la ni
　　　娘　これ　(構2) (副1)　相談する　(態4)(接2)　自分で　行った (接2) 虎 乳

　　chuaq hee seil, chuaq me mai,
　　搾る　行った (接2)　搾る (副1)(助5)

この娘に相談しないで、自分で行ったら、虎の乳を搾りに行ったが、搾れなかった。

174. Ai:, ddai ddvq gge nil ddeemerq chuaq bul ceeq,
　　　あー　狐　山猫 (構4) 乳　1-(少量)　搾る (構6) 来た

あー、狐と山猫の乳をちょっと搾って来た。

175. Ei, Rhee'laq'epv gol lei guq,
　　　え　ジラ-(祖父)　(構2)(副6) 渡す

え、ジラアプに渡した。

176. Rhee'laq'epv gol guq seil, Rhee'laq'epv nee jjai no chee, ei,
　　　ジラ-(祖父) (構2) 渡す (接2)　ジラ-(祖父)　(構1)(接5) 乳 これ (末8)

ジラアプに渡すと、ジラアプがこの乳を。だろ？

177. Zzeeq bberq gol zee la, zzeeq bberq la ddee siuq weilti me jjuq
　　　犏牛[28]　ヤク 間 置く (副3)　犏牛 ヤク (副3)　1 (種)　[問題](副1) ある

　　maq,
　　(末1)

犏牛とヤクの間に置いても、犏牛とヤクは少しも問題がなかったな。

178. Me chu lv ye maq,
　　　(副1) 跳ぶ 震える (末9)(末1)

跳んで震えないな。

---

[28] ヤクと牛の交配種。

179. Aiq gol nee zee keel seil aiq chee mei chu lv　ye meiq,
　　　鶏　間　(構3)　置く　行った　(接2)　鶏　これ　(羽)　跳ぶ　震える　(末9)　(末2)

　　鶏の間に置いてやったら、この鶏は跳んで震えたな。

180. Aiq tee rherq pil　ye maq,
　　　鶏　それ　驚く　(態4)　(末9)　(末1)

　　鶏は、びっくりしたな。

181. Ei:, chee ddaiq bbei la nil me waq seiq, me waq,
　　　えー　これ　有能な　(構5)　虎　乳　(副1)　である　(態1)　(副1)　である

　　えー、これは、有能に(取ってきた)虎の乳ではないのだ。(虎の乳では)ない。

182. Neeq dol me yel seiq, ngeq mil neeq dol me yel,
　　　お前　(構2)　(副1)　与える　(態1)　私　娘　お前　(構2)　(副1)　与える

　　お前に与えないことにする。私の娘をお前に与えない。

183. Neeq ddai negge ddvq gge nil chuaq bul ceeq, la nil me waq,
　　　お前　狐　(接6)　山猫　(構4)　乳　搾る　(構6)　来た　虎　乳　(副1)　である

　　お前は狐と山猫の乳を搾って来た。虎の乳ではない。

184. Neeq dol yel me bie seiq,
　　　お前　(構2)　与える　(副1)　成功する　(態1)

　　お前には与えられない。

185. Cheebbei seil mil chee ddeemerq me heeq pil maq el　ei,
　　　これ-(構5)　(接2)　娘　これ　1-(少量)　(副1)　安らぐ　(態4)　(末1)　(副2)　(末8)

　　このようになると、この娘がちょっと面白くなかったな。だろ？

186. Mailteeko seil, sso chee nee mil chee gol lei milddo hee mei,
　　　後-それ-(半日)　(接2)　男　これ　(構1)　娘　これ　(構2)　(副6)　尋ねる　行った　(末2)

　　しばらくすると、この男がこの娘に尋ねに行ったな。

187. Cheebbei chee ddee dol bbei seiq, me bie seiq,
　　　これ-(構5)　これ　1　(回)　する　(態1)　(副1)　成功する　(態1)
このように、これを一回やった。成功しなかった。

188. Ei, seiqbbei lei bbei dder shel seil,
　　　え　どう-(構5)(副6)　する　(助3)　言う　(接2)
え、どうしなければならないのか、と言うと、

189. Ng:, neeq gai nee ngeq gol me shel,
　　　ん－　あなた　前　(構3)　私　(構2)(副1)　言う
んー、あなたは前には私に言わなかった。

190. La sso leel jjai ddoq pul jjuq,
　　　虎　息子　(接4)(接5)　日陰　斜面　いる
虎の息子は、日陰の斜面にいる。

191. La mei nee jjai bbaq pul jjuq mei waq, e:,
　　　虎　母　(構1)(接5)　日なた　斜面　いる　(末2)　である　あー
虎の母が日向の斜面にいるんだな。あー。

192. Eil neeq, Miqrhvqgelrhvq lv'lvq, lv ddee liu bul pil seil,
　　　え　あなた　ミジュクジュ　石-(重)　石　1　(個)　持つ　(態4)(接2)
え、あなたはミジュクジュ石を一つ持って、

193. Lv jjaif ga ddee liu waq,
　　　石　とても　良い　1　(個)　である
とても良い石だ。

194. Chee lv nee ka la me tv bbei la sso chee diu,
　　　これ　石　(構3)　声　(副3)　(副1)　出す　(構5)　虎　息子　これ　叩く
この石で、声も出さずにこの虎の息子を叩く。

195. La sso diu pil seil la ee wulchee sheel,
　　　虎　息子　叩く(態4)　(接2)　its　皮　それ　剥ぐ

虎の息子を叩いたら、その虎の皮を剥ぐ。

196. Sheel seil chee bbei eq tal, el yi,
　　　剥ぐ　(接2)　これ　(構5)(副8)　[套]²⁹　(副2)(末8)

剥いだらこれを被って、だろ？

197. La sso nilni bbei eq zzeeq naiq,
　　　虎　息子　同じ　(構5)(副8)　座る　(助4)

虎と同じに座っていなくてはならない。

198. Ei ddeekaq ggv seil, la mei nee bbaq pul jjuq, chee leiwul lee
　　　え　1-(時)　経つ　(接2)　虎　母　(構1)　日向　斜面　いる　これ　戻る　来る
　　　seil nil deel lee zo,
　　　(接2)　乳　与える　来る　(末6)

え、少ししたら、虎の母が日向にいるが、これが戻ってきたら、(虎の子に)乳を与えに来る。

199. Chee sseil, la, la ssiul gge, eeba chee gvliu eq tal pil seil, el
　　　これ　(接2)　虎　虎　子供　(構4)　皮　これ　頭　(副8)　[套](態4)(接2)(副2)
　　　yi, kee la ddoq me zherq bbei eq tai pil seil, cheeweil eq
　　　(末8)　足　(副3)　見る　(副1)　(助6)　(構5)(副8)　[套](態4)(接2)　これ-(位置)(副8)
　　　nai shel maq,
　　　隠れる　言う　(末1)

こうすると、虎の子供の、皮を頭に被ると、足も見えないように被ると、ここに隠れたと言うんだな。

29　漢語：かぶる。

200. Tee la mei leiwul ceeq seil, chaiqceel, teegai eq zzeq pil seil,
それ 虎 母 戻る 来た (接2) すぐに そこ (副8) つかむ (態4) (接2)

milggeq nil tee teiq teeq zherq seil,
上-下 乳 それ (副7) 飲む (助6) (接2)

それで、虎の母が帰ってくると、すぐにそこで(子供を)つかんで、上から下へ乳を飲ませたら、

201. Miugv eq liuq shel muq moq,
天-(尾2) (副8) 見る 言う (末1) (末1)

天を見ていると言うんだな。

202. Ssiulssiu gol me liuq,
子供-(重) (構2) (副1) 見る

子供を見ない。

203. Liuq pil seil faiqxail seiq maq,
見る (態4) (接2) [発現][30] (態1) (末1)

見れば見つけられるだろ。

204. Nal me liuq,
(接1) (副1) 見る

しかし見ない。

205. Me liuq seil chee nee tee, cheebbei ggeq no rher pil seil, nil
(副1) 見る (接2) これ (構1) それ これ-(構5) 上 乳 近づく (態4) (接2) 乳

teeq zzozzoq bbei, el ei,
飲む ふり する (副2) (末8)

見ないので、これが、このように乳に近づいて、乳を飲むふりをして。だろ？

---

[30] 漢語：発見する。

206. Gai rherrher pil seil el, ddeemerq chuaq mai keel maq, a:,
　　　前　近づく-(重)　(態4)(接2) あ　1-(少量)　　搾る　(助5) おそらく (末1) あー

近づくと、あ、少し搾れたようなんだな。あー、

207. Eil tee, nil chuachuaq pil　seil, la mei chee la lei co hee zeel
　　　え それ 乳　搾る-(重)　(態4)(接2) 虎 母　これ 虎 (副6) 跳ぶ 行った (末5)
wei,
(末7)

え、それで、乳を搾ると、この虎の母は(どこかへ)跳んで行ったと言うんだな。

208. Chee ssiulssiu gol me liuq zeel wei, e:,
　　　これ　子供-(重)　(構2)(副1) 見る (末5) (末7) あー

こうして、子供を見ないと言うんだな。あー。

209. Tee la nil lei bul ceeq,
　　　それ 虎 乳 (副6) 持つ 来た

それで、虎の乳を持ってきた。

210. La nil lei bul ceeq,
　　　虎 乳 (副6) 持つ 来た

虎の乳を持ってきた。

211. Hei:, chee sseeq nee leijuq aiq gol lei zee hee, dilyi seil,
　　　ヘー これ (回) (構3) 再び 鶏 間 (副6) 置く 行った [第一] (接2)
aiq chee ddee siuq me bbee,
鶏 これ 1　(種) (副1) (態2)

ヘー、今回は鶏に置くと…、最初は、鶏はちっとも(驚か)なかった。

212. Zzeeq bberq gol lei zee hee seil, zzeeq bberq chee ddeehebei
　　　犏牛　　ヤク　　間（副6）置く　行った（接2）　犏牛　　ヤク　　これ　　すべて

rherq, geeqgee heiq neiq maq el   ei,
驚く　震える-(重)　(態1) (末4) (末1) (副2) (末8)

犏牛とヤクに置くと、犏牛とヤクはみんな驚いた、震えたんだな。だろ？

213. Ng:, chee sseeq dal ye, zhaibudo, la nil waq ye, a:,
　　　ん－　これ　 (回)　(副4) (末9)　[差不多]³¹　虎 乳　である (末9) あ－

ん－、まさに今回はなぁ、ほぼ、虎の乳だな。あ－。

214. Nal, neeq gol yel la yel tal,
　　　(接1)　お前 (構2)　与える (副3) 与える (助2)

しかし…、お前に与えてもよろしい。

215. Mail nee leijuq piaisei neeq leel ni seil, neeq, aiqloq gge seiq
　　　後　(構3)　再び　[偏生]³²　お前　(接4) 要る (接2)　お前　崖-(尾3) (構4) アオヒツジ

ddee pul kail bul lu, ng:,
　1　(頭)　射る (末6) 来い　ん－

あと、また、どうしてもお前が要るのなら、お前、崖のアオヒツジを１頭射って来い。ん－。

216. Ei, chee, jjaif jjeq seiq maq ye,
　　　え　これ　　とても 苦しい (態1) (末1) (末9)

え、これは、とても大変そうだな。

31　漢語：ほとんど。
32　漢語：どうしても。

217. Ei, huqkal[33], lvmei ddee lv, keedvq shel ye keedvq, lvmei
え　夜-(半分)　石-(尾5)　1　(石)　クトゥ　言う(末9)　クトゥ　石-(尾5)

ddee lv cheekee eq zee pil seif ye, el yi,
1　(石)　これ-(所)　(副8)　置く　(態4)　(接2)　(末9)　(副2)　(末8)

え、夜中、大きい石を、クトゥと言うんだなクトゥ、大きい石を一つここに置くと。だろ？

218. Huqmeekvl cheebbei aiqkal[34] eq yil zeel wei,
夜　これ-(構5)　崖-(間)　(副8)　寝る　(末5)　(末7)

夜はこうして崖の間に寝ると言うんだ。

219. Aiqkal eq yil mei, yilmuyilseesee seil, cheeloq kee chee nee,
崖-(間)　(副8)　寝る(構7)　うとうと　(接2)　これ-(그3)　足　これ　(構3)

keedvq chee liu ddee cee nee mei gge, keedvq tee aiqkal hee
クトゥ　これ　(個)　1　蹴る　(構8)(構7)(構4)　クトゥ　それ　崖-(間)　行った

maq ei,
(末1)　え

崖の間で、うとうとしていると、ここで、（ジラアプが）この足で、このクトゥを蹴って、クトゥは崖に（落ちて）行った。え。

220. Chee meeltai seiq ddee pul gol diu mai zeel wei,
これ　下-底　アオヒツジ　1　(頭)(構2)　打つ　(助5)(末5)(末7)

これが、下で一頭のアオヒツジに当たったと言うんだな。

221. Mailteesoq lei liuq keel seil, seiq ddee pul tee shee mei ye,
後-それ-朝　(副6)　見る　行った(接2)　アオヒツジ　1　(頭)　それ　死ぬ　(末2)(末9)

後で探しに行ったら、アオヒツジ一頭が打たれて死んでたな。

---

[33] 大研鎮での発音は、huqkol。
[34] 大研鎮での発音は、aiqkol。

222. Ei, seiq shee seil lei bul ceeq,
    え　アオヒツジ　肉　(接2) (副6) 持つ　来た

え、アオヒツジの肉は、持ってきた。

223. Chee, epv heel ree zzoq[35], Leel'ee dvl ree zzoq shel moq,
    これ　老人 回り道　道　歩く　　ルグ 近い道　道　歩く　言う (末1)

これが、老人は回り道を歩いて、ルグは近道を歩く、と言うんだな。

224. Epv chee seil, ko ree'loq nee ceeq, Leel'ee chee gvl seil nvl
    老人 これ (接2) 遠い 道-(尾3) (構3) 来た　ルグ　これ (人) (接2) 近い

ree'loq nee ceeq seil, yegoq lei tv seil Leel'ee chuq seiq mei,
道-(尾3) (構3) 来た (接2)　家　(副6) 着く (接2)　ルグ　速い (末3) (末2)

この老人は、遠い道を来て、このルグは、近い道を来たので、家に着くのは、ルグが速いんだな。

225. Ei, Leel'ee shel seil, leijuq chee huq, bber lei lee seil, bber,
    え　ルグ　言う (接2)　後に　これ　夜　客 (副6) 来る (接2) 客

bber gge bber sherl lei bbei ye,
 客 (構4) 客　おかず (副6) する (末9)

え、ルグが言うには、「後で、今夜、お客が来たらならば、お客、お客のおかずにして下さい。

226. Bber leel me lee seil, epv gge moq, ha sherl lei bbei tal, chee
    客 (接4) (副1) 来る (接2) お爺様 (構4) (末1) 飯 おかず (副6) する (助2) これ

shel keel ye mei,
言う 行った (末9) (末2)

お客が来なければ、お爺様の、ご飯のおかずにしてよいです。」こう言ったな。

35　これは主に経典に用いられる語であると考えられる。この部分は経典の引用である。

227. Ye, seiq mai seiq,
　　　いやー　アオヒツジ　得る　(態1)

いやー、アオヒツジは獲れた。

228. Seiq nvl seiq mai ye,
　　　アオヒツジ (接7) アオヒツジ 得る (末9)

アオヒツジは獲れたな。

229. Seiq shee ka zhu jju ye moq,
　　　アオヒツジ　肉　角　[種]　ある (末9)(末1)

アオヒツジの肉、角の類があるな。

230. Nal neeq leijuq aiqloq gge ni heeq zzeq naiq melsee,
　　　(接1)　お前　また　崖-(尾3)(構4)　魚　肥えた　捕る　(助4)　まだ

しかしお前、今度は、崖の中の肥えた魚を捕らねばならん。

231. Ei, ni ddee mei juq bul lu,
　　　え、　魚　1　(匹)　仕掛ける (構6)　来い

え、魚を一匹仕掛けて(捕って)来い。

232. Hei, ddee gvl seil epv waq, ddee gvl seil Leel'eesso tee seil
　　　へ　1　(人)(接2)　老人　である　1　(人)(接2)　ルグ-(男)　それ (接2)

shel moq,
言う (末1)

へ、一人は老人、一人はルグが、と言うんだな。

233. Chee lvmei bberq pvl[36] lvl, epv kee mail zee,
　　　これ　石-(尾5)　ヤク　プル　包む　老人　足　後ろ　置く

これ、大きい石をヤクのプルで包み、老人の足の後ろに置く。

36　ヤクの毛の織物。

234. Diu shee seil epv chee nee dal diu ye maq,
　　　打つ　死ぬ　(接2)　老人　これ　(構1)(副2)　打つ　(末9)(末1)

打ち殺すのは、老人が打つんだな。

235. Ei, huqkal seil jjai kee chee meeq ddee chu nee mei gge lvmei
　　　え　夜-(半分)(接2)(接5)　足　これ　下　1　伸ばす　(構8)(構7)(構4)　石-(尾5)

chee lv cee mai pil ye maq, el yi,
これ　(石)　蹴る　(助5)　(態4)(末9)(末1)　(副2)　(末8)

え、夜中になると、足を下に伸ばして大きいこの石を蹴ったんだな。だろ？

236. Ddee cee nee mei gge jjiqloq gul hee seil, ei, ni ddee mei mai
　　　1　蹴る　(構8)(構7)(構4)　水-(尾3)　捨てる　行った　(接2)　え　魚　1　(匹)　得る

shel ye maq ye,
言う　(末9)(末1)(末9)

ちょっと蹴って、水の中に捨ててやったら、え、1匹の魚に当たったと言うんだな。

237. Cheebbei bbei ni shee la bul lei ceeq,
　　　これ-(構5)　する　魚　肉　(副3)　持つ　(副6)　来た

このようにして、魚の肉も持ってきた。

238. Chee sseeq leel seil, neeq nee ni seil, neeq, bbei la bbei tal
　　　これ　(回)　(接4)(接2)　お前　(構1)　求める　(接2)　お前　する　(副3)　する　(助2)

seiq, el ei,
(態1)　(副2)(末8)

今回は、お前が求めるものは、お前はしてもよろしい。だろ？

239. Neeq ezee me gua fv seiq,
　　　お前　何　(副1)　[管][37]　[服]　(態1)

お前がやることは何でも感服した。

240. Nal neeq gge, ei, zzeeq bbei ceeq ddee ni zzeeq pv ezee bul
　　（接1）お前（構4）え　結婚　する　来た　1　（日）結婚　代金　何　持つ
ceeq,
来た

しかしお前の、え、結婚に来て求めるこの日に、結納は何を持ってきた？

241. Bboq bbei ceeq ddee ni, neeq bboq, bboq pv ezee bul ceeq,
　　　結婚　する　来た　1　（日）お前　結婚　結婚　代価　何　持つ　来た
shel neiq mei,
言う（態3）（末2）

結婚に来て求めるこの日に、お前の結納は何を持ってきた？と言うんだな。

242. Ei, Coqssei'leel'ee nee shel seil, nvl[38] e: miu shuaq geeq ceelcee
　　え　ツォゼルグ　（構1）言う（接2）私　あー　天　高い　星　密な-(重)
nee ceeq moq, ceecaiq la hoq me tal,
（構8）密な（末1）　家畜（副3）追う（副1）（助2）

え、ツォゼルグが言うのには、私は、あー、高い天の星のように密である、家畜も（天に）追って（来れ）ない。

243. Ddiuq bbei req[39] ceelcee nei cee ye moq, ngvq haiq sal　gguq
　　　地（副5）草　密な-(重)（構8）密な（末9）（末1）銀　金　品物（背中の荷）
la bul me tal moq, a:,
（副3）持つ（副1）（助2）（末1）あー

地上の草のように密だ、と言う、（馬の荷ほどの）金銀は（天に）持って（来れ）ない。あー。

37　漢語：かまう。— me gua（……にかかわらず）の形式で常用される。
38　これは経典で用いられる語である。
39　大研鎮での発音は、ssee。

244. Nal eni'lasherlni nee, ggv rhuq xu kelkee, cheebbei zzeeq pv
　　　（接1）　　以前　　（構3）　9　　山　獣　狩る　これ-（構5）　結婚　代価

ruaq, cheebbei bboq pv ruaq,
払う　これ-（構5）　結婚　代価　払う

しかし以前、9つの山で獣を狩り、こうして結納を払った。

245. Ddeehebbei shuq ye ngvl eq guq seiq, ngvlkee eq ruaq seiq,
　　　全て　　探す（末9）あなた（副8）渡す（態1）あなた-（所）（副8）払う（態1）

全部探して、あなたに渡した。あなたに払った。

246. Ei, chee sseeq nee yi, ddee ni la ni, ni dal ni shel
　　え　これ　（回）（構3）（構10）　1　（日）（副3）求める　求める（副4）求める　言う

neiq muq, taf mil tee e:,
（態3）（末1）彼の　娘　それ　あー

え、この時には、何度も下さいと、ひたすら下さいと言ったんだな。彼の娘を。あー。

247. Ni dal ni shel seil, ni shel seil, bailfa me jju pil, tee gol
　　求める（副4）求める　言う（接2）求める　言う（接2）［辦法］（副1）ある（態4）彼　（構2）

yel, e:,
与える　あー

ひたすら下さいと言うので、下さいと言うので、仕方がないので彼に与えた。あー。

248. Bailfa me jju tee gol yel seil, eyi, yegoq nee,
　　［辦法］（副1）ある　彼　（構2）与える（接2）今　　家　（構3）

仕方がないので彼に与えると、今、家で、

249. Lerl mil ggv siuq yel, neeqmei ggvl chv yel, e, huallei chv me
　　　種　熟した　9　(種)　与える　家畜-(物)　　9　(種)　与える　あ　ネコ　(種)(副1)
　　yel shel ye maq, el　yi,
　　与える 言う (末9)(末1)(副2)(末8)
　　実った種を9種与え、家畜を9種与え、あー、ネコは与えなかったというんだな。だろ？

250. Chv ddeehebbei guq seiq, nal huallei chee mei seil me guq
　　　種　　全て　　　渡す (態1)(接1)　ネコ　これ　(匹)(接2)(副1)渡す
　　nvqmaq, ei:,
　　(末1)　えー
　　種を全て渡したが、このネコは与えなかったんだな。えー。

251. Nal chee nee jjai, huallei neeq chv seiq, neeq kotoq nee bberq,[40]
　　　(接1)　これ (構1)(接5)　ネコ　家畜　種 (態1)　家畜　後　(構3)　移る
　　しかし、これは、ネコは家畜の種に入っている。家畜の後ろから移ってくる。

252. Huallei chee nvl mailgguq puq ceeq moq, a:,
　　　ネコ　これ (接7)　後-(後)　逃げる 来る (末1) あー
　　ネコの種は、後に逃げてきたんだな。あー。

253. Lerl mil ggvl siuq yel, keelddvq[41] lerl me　yel,
　　　種　熟した　9　(種)　与える　野壩子　種　(副1)　与える
　　実った種を9種与え、野壩子の種は与えない。

40　この部分は経典の引用。
41　種から油が取れる当地独特の植物。学名は *Elsholtzia rugulosa* Hemsl.

254. keelddvq ai chv seiq, ai kotoq nee bberq,⁴²
　　　野鼠子　穀物　種　(態1)　穀物　後ろ　(構3)　移る

野鼠子は穀物の種に入っている。穀物の後ろに移ってきた。

255. Lerl ddeehebbei yel seiq mei keelddvq chee me yel pil seil
　　　種　　全て　　与える (態1)(構7)　野鼠子　これ (副1) 与える (態4)(接2)

　　　keelddvq chee seil eyi o boq, boq jil, lerl la　jil,
　　　野鼠子　これ (接2) 今 茎 穂　穂 小さい　種　(副3) 小さい

種を全部与えたが、野鼠子は与えなかったので、野鼠子は、今、茎や穂、穂が小さい。種も小さい。

256. A:, kee ddee kee sherq, aiq ddee mei bul,
　　　あー　犬　1　(匹) 連れる　鶏　1　(羽)　持つ

あー、犬を一匹連れて、鶏を一羽持って、

257. Kee per ddee kee sherq, ni huq, a:, bber bvl ddubbiu yel,⁴³
　　　犬　白い　1　(匹) 連れる 昼 夜 あー 客 主人 分ける 与える

白い犬を一匹連れて（来ると）、昼と夜が…、あー、客と主人を分けてやったんだな。

258. Kee chee mei sherq bul ceeq seil, elggeeq kvq xi negge bbiuq
　　　犬　これ (匹) 連れる (構6) 来た (接2)　我-(複)　中　人　(接6)　外

　　　xi chee, tee nee cikeq seiq, el yi,
　　　人　これ　それ (構1) 区別する (態1)(副2) (末8)

この犬を連れて来ると、我々の中の人と、外の人を、それが分けた。だろ？

---

⁴² この部分は経典の引用。
⁴³ この部分も経典の引用。

259. Tee seil, bber bvl ddubbiu yel shel neiq mei waq,
　　　それ（接2）客　主人　分ける　与える　言う（態3）（末2）である
　　それで、客と主人が分けられたと言うんだな。

260. Ai naq juq kaq ceeq, ni huq ddubbiu yel shel neiq maq waq,[44]
　　　鶏　大きい　鳴く　声　はっきり　昼　夜　分ける　与える　言う（態3）（末1）である
　　大きい鶏が鳴いたので、昼と夜が分けられた、と言うんだな。

261. Aiq chee mei seil ni negge huq chee chvpiq chee aiq chee mei
　　　鶏　これ（羽）（接2）昼（接6）夜　これ　[区別]　これ　鶏　これ（羽）
　　nee bbei neiq shel neiq maq, el yi,
　　（構1）する（態3）言う（態3）（末1）（副2）（末8）
　　この鶏は、昼と夜を区別したのは、この鶏がやったと言うんだな。だろ？

262. Teebbeigguq, nal see leijuq ni gvl bbei ddee jjiq bbei,
　　　これ-(構5)-(後)（接1）やっと　後に　2（人）（副5）　1　家　成す
　　この後、やっと二人は一家になった。

263. Leijuq Keeciwe'lvlboqwa nee lei zzeeq hee, a:,
　　　後に　クツィウォルポワ　（構3）（副6）住む　行った　あー
　　それからクツィウォルポワに住んだ。あー。

264. Keeciwe'lvlboqwa zzeeq seiq mei,
　　　クツィウォルポワ　住む（態1）（末2）
　　クツィウォルポワに住んだな。

265. Ei:, jjiq ceel ddai rerq ddeehe bbei, bbaq pvl ddeehe bbei mei,
　　　えー　家　建てる　敷地　開く　全て　する　畑　種まきする　全て　する（末2）
　　えー、家を建てたり敷地を開いたり、畑に種まきをしたり、

---

[44] この部分も経典の引用。

266. Miugv gge Miuzzeika'la chee nee bvlmai ye bbvqcheeni heeq
　　　天-(尾2)　(構4)　　ムゼカラ　　これ　(構1)　[不満]　(末9)　毎-これ-(日)　雨
kuaq zzo kuaq keel shel neiq moq, a:,
　悪い　雹　悪い　放つ　言う　(末4)　(末1)　あー

天上のムゼカラが、不満で毎日悪い雨と悪い雹を降らせたと言うんだ。あー。

267. Dilyi seil Miuzzeika'la ddahamei waq,
　　　[第一]　(接2)　ムゼカラ　　　妻　　である

第一には、（もともとは）ムゼカラの妻である（ためだ）。

268. Ei, chee nee gua bul ceeq,
　　　え　これ　(構1)　[拐]　(構6)　来た

え、これが、かどわかしてきた。

269. Tee zeeggeeqnee Miuzzeika'la nee kuaq keel maq,
　　　それ　理由-(構3)　　ムゼカラ　　(構1)　悪い　放つ　(末1)

それで、ムゼカラが悪い（もの）を放ったのだな。

270. Heeq kuaq keel zzo kuaq keel el yi, miu ggv,
　　　雨　悪い　放つ　雹　悪い　放つ　(副2)　(末8)　天　雷が鳴る

悪い雨と悪い雹を降らせた。だろ？ 雷が鳴る。

271. Ei, bbaq bbi jjiq bbi keel zherq shel mei maq, a:,
　　　え　畑　絶える　畑　絶える　放つ　(助6)　言う　(末2)　(末1)　あー

え、畑を不作にさせたと言うんだな。あー。

272. Tee Coqssei'leel'ee tee leijuq, taf ni gvl ddee jjiq bbei pil seil,
     それ　ツォゼルグ　　　彼　後に　彼 2（人）　1　　家　成す（態4）（接2）

sso seel gv siq⁴⁵ maq,
息子　3　（人）生む（末1）

それで、ツォゼルグは、その後、彼ら2人は一家になると、息子を3人生んだな。

273. Leijuq ddee dual jju melsee, chee dual seil ddeemerq, gai nee
     他に　　1　［段］ある　まだ　これ　［段］（接2）　1-（少量）　前（構3）

chuq pil seiq,
早く　無くなる（態1）

あと一段あるが、この段は、前になくなったのだったな。

274. Nie⁴⁶ zeeq negge nie dderq jju melsee maq, el   yi,⁴⁷
     目　　縦　　（接6）目　　横　　　ある　さらに（末1）（副2）（末8）

縦目と横目（の女）があるのだな。だろ？

275. Eyi seil nie dderq dal melsee maf el   yi,
     今（接2）目　　横　（副4）まだ　　（末1）（副2）（末8）

今は、横目だけ。だろ？

---

⁴⁵ 大研鎮の発音では、seeq。
⁴⁶ 大研鎮の発音では、mieq。
⁴⁷ この部分は、経典テクストにおいて、ツォゼルグがツェフボボミと出会う前の部分に挿入される縦眼の女と横目の女の話を指している。本来の経典テクストのストーリーは、外見は美しくはないが心が美しい横目の女と一緒になるように言われたツォゼルグが、心は美しくないが外見の美しい縦眼の女と一緒になり、蛇や蛙の子供が生まれてしまうというもの。しかし、ここでは必ずしもこの通りのストーリーを指しているのか明らかでない。

276. Nie zeeq cheegeq lei ddiul seiq see, nie dderq lei meil hee
　　　目　縦　これ-(所) (副6) 追う (態1) 先に　目　横　(構9) 求める 行った
　　maf el ei,
　　(末1)(副2)(末8)

まずここで縦目を追いかけて、（それから）横目を求めに行ったんだな。だろ？

277. Nal, chee la ni siuq seel siuq bbei jju ye, tei'eekol la,
　　　(接1) これ (副3) 2 (種) 3 (種) (副5) ある (末9) 経典-(中) (副3)

しかし、これも2種…、3種ある、経典の中に。

278. Coqbbersal[48] seil Coqbbersalloq nee tee tee ddeegeq bbei jju,
　　　ツォバサ　(接2) ツォバサ-(尾3) (構3) それ それ 1-(所) (構5) ある

ツォバサはツォバサの中に、一箇所ある。

279. E:, Tvzzoq[49] seil Tvzzoq nee ddee chu bbei jju,
　　　あー トゥゾ (接2) トゥゾ (構3) 1 (区切り) (構5) ある

あー、トゥゾは、トゥゾにひと区切りある。

280. E:, chee ni bei, ni siuq bbei jju keel ye, ni siuq dal waq ye,
　　　あー これ 2 [本] 2 (種) (構5) ある たぶん (末9) 2 (種) (副4) である (末9)
　　e:,
　　あー

あー、この2本、2種あるようだな。2種だけだな。あー。

---

[48] 経典の名前。
[49] 経典の名前。

281. Tee sso seel gv siq seil, sso chee seel gv tee, geezheeq me gvl
　　 それ 息子 3 （人）生む（接2）息子 これ 3 （人）それ 　話す 　（副1）（助1）
zeel wei,
（末5）（末7）

それで、息子3人を生むと、この3人の息子は、しゃべれないと言うんだなぁ。

282. Ei, sso ddeeq chee bbuqdiul hee zherq,
　　 え 息子 大きい これ 　外 行った（助6）

え、大きい息子を外に行かせた。

283. Bbuqdiul ddiuq liuq zherq mei seil, rua ddee pul nee, leekol,
　　 外 　　地 　見る（助6）（構7）（接2）馬 1 （頭）（構1） 畑-(中)
jjuq zzee neiq shel neiq moq,
カブ 食べる（態3）言う（態3）（末1）

外を見させると、馬一頭が、カブを食べていたと言うんだ。

284. E, sso chee gvl ggeq leiwul ceeq seil, ei', chee,
　　 あ 息子 これ（人） 上 　戻る 来た（接2）えー これ
"Daneeyuqmazhai" shel neiq ye muq,
　　　「タヌユマチャ」 　　言う（態3）（末9）（末1）

え、この息子が戻ってくると、えい、これが、「タヌユマチャ」と言ったんだ。

285. Ggeezzeeq geezheeq bbei rua nee ekeeq⁵⁰ kai neiq ye shel keel
　　 チベット 言葉 （構5）馬（構1）カブ かじる（態3）（末9）言う たぶん
ye maf,
（末9）（末1）

チベットの言葉で、馬がカブをかじっていると言ったらしいんだな。

---

50 カブの実（根）の部分。jjuqは全体を指す（Rock 1963b, p.343）。

286. Liul chee gvl hee zherq seil, ei:i, jil chee gvl, jil chee gvl
　　　中　これ　(人)　行った　(助6)　(接2)　えーい　小さい　これ　(人)　小さい　これ　(人)

hee zherq seil, "Ma nee maqzi chee" shel neiq ye maq ye,
行った　(助6)　(接2)　[馬]　(構1)　[蕪菁][51]　[吃][52]　言う　(態3)　(末1)　(末9)

真ん中の(息子)を行かせると、えーい、小さい(息子)を行かせると、「マヌマツィチ(馬がカブを食べている)」と言ってるな。

287. E:, Habaq bbei shel neiq maq el yi,
　　　あー　漢語　(構5)　言う　(態3)　(末1)　(副2)　(末8)

あー、漢語で言ってるんだな。だろ？

288. Liul chee gvl lei hee zherq seil, ei:i, liul chee gvl seil, "Rua
　　　中　これ　(人)　(副6)　行った　(助6)　(接2)　えーい　中　これ　(人)　(接2)　馬

nee ekeeq kai neiq yo" shel neiq ye, leekol,
(構1)　カブ　かじる　(態3)　(末7)　言う　(態3)　(末9)　畑-(中)

真ん中の(息子)を行かせると、えーい、真ん中の(息子)は、「馬がカブをかじってるよ」と言っている。畑の中で。

289. Eil, ddee mei sso gge seel siuq,
　　　え　1　母　息子　(構4)　3　(種)

えー、一人の母の息子が3種。

290. E:, sso ddeeq chee seil tee tee ddee geezheeq nee Ggeezzeeq
　　　あー　息子　大きい　これ　(接2)　それ　それ　1　話す　(構8)　チベット

geezheeq, Ggeezzeeq bie,
　　言葉　　チベット人　[変]

あー、大きい息子は、ちょっとしゃべるとチベット語で、チベット人になる。

---

[51] 漢語：カブ。
[52] 漢語：食べる。

291. Jil chee gvl seil   Leibbv lei bie hee,
　　　小さい これ　（人）（接2）　ペー（白）族　（副6）［変］ 行った

小さい（息子）は、ペー族になった。

292. Liul chee gvl seil Naqhai[53] seiq maf el yi, Naqhai geezheeq
　　　中　これ　（人）（接2）　ナハ　（末3）（末1）（副2）（末8）　ナハ　　　言葉

bbei   seiq maf el   yi, a:,
する　（態1）（末1）（副2）（末8）あー

真ん中の（息子）はナハだと言うので、ナハ語になったんだ。だろ？あー。

293. Tee Naqhai tee miu bbvq zzeeq moq,
　　　それ　ナハ　それ　天　　下　　住む　（末1）

それで、ナハは天の下に住むんだな。

294. Ggeezzeeq chee seil tee ddee zzeeq neiq jjai, tee seel gv
　　　チベット人　これ　（接2）それ　1　　住む　（態3）（接5）　その　3　（人）

bbiuqbbiu pil seil, rhuqkee dal zzeeq, Ggeezzeeq chee, a:,
分かれる-(重)（態4）（接2）山-ふもと（副4）住む　　チベット人　これ　あー

チベット人は、これが。それが、住み始めると、その3人は分かれて、山のふもとに住んだ。チベット人は。あー。

295. Ei:, bbiuq ha cherl pil seil, bbiuddv dal biuq, a:,
　　　えー　小麦粉 ツァンパ 握る（態4）（接2）小麦粉-人形（副4）祀る　あー

えー、ツァンパを握って、その人形を祀る。あー。

---

[53] 白地での「ナシ」の自称。

296. Leibbv chee seil jjai, kaiq⁵⁴ kee dal zzeeq shel neiq, kaiq kee,
　　　ペー族　これ　(接2)(接5)　ツツジ　足　(副4)　住む　言う　(態3)　ツツジ　足

elchee seiqbbei shel me ddoq,
あれ　どう-(構5)　言う　(副1)　見える

ペー族は、ツツジの下に住むという。ツツジの下、後は何と言うかわからない。

297. Leibbv kaiq kee zzeeq, kaiq bbei ceil ye rhv shel moq,
　　　ペー族　ツツジ　足　住む　ツツジ　(構5)　葉　多い　増える　言う　(末1)

ペー族はツツジの下に住む。ツツジの葉のように繁栄する、と言うんだな。

298. Ssoliul chee seil zheezhee gge Naqhai waq,
　　　息子-中　これ　(接2)　[直直]　(構4)　ナハ　である

真ん中の息子は、直接のナハだ。

299. Ei, Naqhai tee miubbvq zzeeq seil, jjai miugul geeq yeq rhv
　　　え　ナハ　それ　天-下　住む　(接2)(接5)　天上　星　多い　増える

seiq,
(態1)

え、ナハは天の下に住んで、天の星のように繁栄する。

300. A:, ceeq biuq ddee zherl　la tee nee see,
　　　あー　霊　祀る　1　(しきたり)　(副3)　それ　(構1)　知る

あー、霊を祀るしきたりも彼らは知った。

301. Bber lol ddee dduq　la tee nee see,
　　　客　もてなす　1　(しきたり)　(副3)　それ　(構1)　知る

客をもてなすしきたりも彼らは知った。

54　kaiqの部分は、経典の注釈でも解釈が分かれ、「栗」(和雲彩・和発源 1986, p.267)、「崖」(和開祥・和宝林 n.d, p.87)、「街」(和開祥・李例芬 1999-2000, p.152) などの解釈もある。

302. E, ezee biuq me gua gge zherlzzoq tee ddeehebbei chee laqbul
あ 何 祀る (副1) [管] (構4) しきたり それ すべて これ 手-(中)
nee ddai bul ceeq shel neiq moq, e:,
(構3) する (構6) 来た 言う (態3) (末1) あー

あ、何を祀るにしろ、儀礼のしきたりは、すべてこの手に由来すると言うのだな。あー。

303. Ceeq biuq ddee zherl see bber lol ddee dduq see shel maq,
霊 祀る 1 (しきたり) 知る 客 もてなす 1 (しきたり) 知る 言う (末1)
a:,
あー

霊を祀るしきたりを知り、客をもてなすしきたりを知ったと言うんだな。あー。

304. Chee seel gv tee, Coqssei'leel'ee negge Ceilheebbobboq tee el
これ 3 (人) それ ツォゼルグ (接6) ツェフボボ それ (副2)
yi,
(末8)

この3人は。(そして、)ツォゼルグとツェフボボは。だろ？

305. E:, eyi gge, miu biuq chee la chee dal waq,
あー 今 (構4) 天 祀る これ (副3) これ (副4) である

あー、今の、天を祀るのはこれが全てだ。

306. Miu biuq chee seil dilyi dilyi cheekaq seil, miu, miu la miu
天 祀る これ (接2) [第一] [第一] これ-(時) (接2) 天 天 (副3) 天
biuq,
祀る

天を祀るのは、最初の時は、天、天を祀るのだ。

307. E:, ngeq gge cheimiq nvl cheeweil jju, cheeweil, eyi rua eq
あー　私　（構4）　［証明］　（接7）　これ-(位置)　ある　これ-(位置)　今　馬　（副8）

pai　cheeweil,
つなぐ　これ-(位置)

あー、私の証明は、それ、ここにある、ここ。今、馬をつないでいるここだ。

308. Cheeloq seil eqbbeisherlbbei xi, jjiq me jju nieq seil, kai, jjiq
これ-(尾3)　（接2）　昔　　　　人　水　（副1）ある　…の時　（接2）　溝　水

bbai neiq moq, jjiq,
出る　（態3）　（末1）　水

ここは、昔の人が、水がないときに、溝に水が湧き出たんだ。水が。

309. E, jjiq lei gol pil seiq nal see meeltai cheeloq nee eq ngai
あ　水　（副6）涸れる（態4）（態1）（接1）やっと　下-底　これ-(尾3)（構3）（副8）安置する

ye muq maq,
（末9）（末1）（末1）

あ、水が涸れてやっと、下のここに、（祭壇を）置いたんだな。

310. Nal xi, Ceilheebbobboq chee, Rhee'laq'epv gol rer ye, rer,
（接1）人　ツェフボボ　　　それ　　ジラ-長老　（構2）怖れる（末9）怖れる

しかし、人は。ツェフボボは、ジラアプを怖れた、怖れた。

311. Ggeq lei tv miugv leiwul bbee seil, tee nee meeq lei hee
上　（副6）着く　天-(尾2)　戻る　行く　（接2）彼　（構1）　下　（副6）行った

me zherq seiq maq,
（副1）（助8）（態1）（末1）

上に天に帰ろうとすると、ジラアプが下に戻らせなかったんだな。

312. Ei,　rer　　pil　seil,　miu　gge　pv'laq　tee,　ddiuqloq　nee　eq　ngai　pil
　　　え　怖れる　(態4)　(接2)　天　(構4)　神　　それ　　地-(尾3)　(構3)　(副8)　安置する　(態4)

seil,　ddiuqloq　nee　miugv　xulshee　neeq　maf,
(接2)　　地-(尾3)　(構3)　天-(尾2)　供える　(態2)　(末1)

え、怖れると、天の神（の祭壇）を地上に置いて、地上で天に供えたんだな。

313. Xi　nee　shel　seil　kaq　biuq,　ezee　Mufloyei　biuq　shel　me　waq,
　　　人　(構1)　言う　(接2)　王　祀る　　何　　[木老爺][55]　祀る　言う　(副1)　である

人が言うには、王を祀るとか、木の殿様を祀るとか何とか言うが、そうではない。

314. Zheezhee　gge　miu　biuq　neiq　muq,　a:,
　　　[直直]　　(構4)　天　祀る　(態3)　(末1)　あー

直接の天を祀っているんだよ。あー。

315. Zhe　gge　Rhee'laq'epv　miu,　Ceilhee'ezee　ddai,　chee　ni　gvl,
　　　ここ　(構4)　ジラ-長老　　　天　　ツェフ-老母　　地　　これ　2　(人)

ここの、ジラアプの天、ツェフアズの地。この二人は。

316. Epv　miu　seil　miugv　Rhee'laq'epv　waq　ye,
　　　長老　天　(接2)　天-(尾2)　　ジラ-長老　　　である　(末9)

長老が天だというのは、天のジラアプだ。

317. Ceilhee'ezee　ddai　seil　ddiuqloq　gge　ezee　chee　gvl　seiq,
　　　ツェフ-老母　　　地　(接2)　地-(尾3)　(構4)　老母　これ　(人)　(末3)

ツェフアズが地というのは、地上のこの老母だ。

55　漢語：麗江の土司・木氏の通称。

318. Ei, ddilyi ddeeq gge miu, ddilyi seil ddiuq maf,
    え [第一] 大きい (構4) 天 [第一] (接2) 地 (末1)

え、第一に大いなる天、第一は地だよ。

319. Teegguq nal seil, e:, gaizhualggee gge el ei, pv'laq, zuil rua
    それ-(後) (接1)(接2) あー 間-(所) (構4)(副2) (末8) 神 [最] すごい
    gge chee zhua,
    (構4) これ [種]

その後は、あー、その間のは。だろ？ 神、最もすごいこの類の。

320. A:, chee zhua lei chvq pil seil rhuq gge zuil yumiq gge rhuq,
    あー これ [種] (副6) [除] (態4)(接2) 山 (構4) [最] [有名] (構4) 山
    chee zhua, a:
    これ [種] あー

あー、この類を除いては、山の最も有名な山。こういう類の。あー。

321. Chee zhua biuq neiq muq maq, miu chee,
    これ [種] 祀る (態3) (末1)(末1) 天 これ

こういうのを祀っているんだ。この天は。

322. Ei: chee heif moq.
    えー これ (態1)(末1)

えー、こうなんだな。

《資料編》 4. 口語によるナシ語テクスト資料　　　195

5. 参考文献目録

[欧文文献]

Bacot, Jacques. 1913. *Les Mo-so: Ethnographie des Mo-so, leurs Religions, leur Langue et leur Écriture*. Leiden: Brill.

Bockman, Harald. 1989. "The Typology of the Naxi Tomba Script", *Ethnicity and Ethnic Groups in China* (Chiao, Chien and Tapp, Nicolas, eds.), pp.149-156, Hong Kong: New Asia Academic Bulletin, 8.

Bradley, David. 1974. "Nahsi and Proto-Burmese-Lolo" *Linguistics of the Tibeto-Burman Area*, 2(1), pp.93-150.

Cai Hua. 2001. *A Society without Fathers or Husbands: The Na of China*. New York: Zone Books.

Chao, Emily Kay. 1995. *Depictions of Difference: History, Gender, Ritual and State Discourse among the Naxi of Southwest China*. Ph.D. Thesis in Anthropology, University of Michigan.

Chao, Emily Kay. 1996. "Hegemony, Agency, and Re-presenting the Past: The Invention of Dongba Culture among the Naxi of Southwest China" *Negotiating Ethnicities in China ang Taiwan* (Brown, Melissa J. ed.), pp.208-239, Berkeley: Institute of East Asian Studies, University of California.

He, Limin. 1999. "Discussion of the Function of the nɯ[33] Sound in the Ancient Dongba Books of the Naxi Tribe" *Through the Gate of Yunnan Borderland* (Gaca, Maciej and Majewicz, Alfred F. eds.), pp.39-61, Poznań: Adam Mickiewicz University.

Jackson, Anthony. 1965. "Mo-so Magical Texts" *Bulletin John Rylands Library*, 48(1), pp.141-174.

Jackson, Anthony. 1971. "Kinship, Suicide and Pictographs among the Na-khi (S. W. China)" *Ethnos*, 36, pp.52-93.

Jackson, Anthony. 1973. "Tibetan Bön Rites in China: A Case of Cultural Diffusion" *Ethnos*, 38(1-4), pp.71-92.

Jackson, Anthony. 1975a. "The Decent of Man, Incest and the Naming of Sons: Manifest and Latent Meaning in a Na-khi Text" *The Interpretation of Symbolism* (Willis, Roy ed.), pp.23-42, London: Malaby Press.

Jackson, Anthony. 1975b. "Floods, Fertility and Feasting" *Ethnos*, 40(1-4), pp.212-243.

Jackson, Anthony. 1979. *Na-khi Religion: An Analytical Appraisal of the Na-khi Ritual Texts*. The Hague: Mouton.

Jackson, Anthony. 1989. "Naxi Studies: Past, Present and Future" *Ethnicity and Ethnic Groups in China* (Chiao, Chien and Tapp, Nicolas, eds.), pp.133-147, Hong Kong: New Asia Academic Bulletin, 8.

Jackson, Anthony and Pan, Anshi 1998. "The Authors of Naxi Ritual Books, Index Books and Books of Divination" *Naxi and Moso Ethnography* (Oppitz, Michael and Hsu, Elisabeth eds.), pp.237-273, Zürich: Völkerkundemuseum Zürich.

Janert, Klaus Ludwig 1975. *Nachi-Handschriften*, Teil 3. (Verzeichnis der Orientalischen Handschriften in Deutschland 7). Wiesbaden: Steiner.

Janert, Klaus Ludwig. 1977. *Nachi-Handschriften nebst Lolo- und Chungchia-Handschriften*, Teil 4. (Verzeichnis der Orientalischen Handschriften in Deutschland 7). Wiesbaden: Steiner.

Janert, Klaus Ludwig. 1980. *Nachi-Handschriften nebst Lolohandschriften*, Teil 5. (Verzeichnis der Orientalischen Handschriften in Deutschland 7). Wiesbaden: Steiner.

Janert, Klaus Ludwig und Pliester, Ilse. 1984-1997. *Nachitextedition*. Teil 1- Teil 15. (Verzeichnis der Orientalischen Handschriften in Deutschland). Wiesbaden: Steiner.

Lacouperie, Terrien de. 1885. "Beginnings of Writing in and around Tibet" *Journal of the Royal Asiatic Society*, n.s.17, pp.415-482.

McKhann, Charles F. 1989. "Fleshing out the Bones: The Cosmic and Social Dimensions of Space in Naxi Architecture" *Ethnicity and Ethnic Groups in China* (Chiao, Chien and Tapp, Nicolas eds.), pp.157-177, Hong Kong: New

Asia Academic Bulletin, 8.

McKhann, Charles F. 1992. *Fleshing out the Bones: Kinship and Cosmology in Naqxi Religion*. Ph.D. Thesis in Anthropology, University of Chicago.

McKhann, Charles F. 1995. "The Naxi and the Nationalities Question" *Cultural Encounters on China's Ethnic Frontiers* (Harrell, Stevan, ed.), pp.39-62, Seattle: University of Washington Press.

McKhann, Charles F. 1998. "Naxi, Rerkua, Moso, Meng: Kinship, Politics and Ritual on the Yunnan-Sichuan Frontier" *Naxi and Moso Ethnography* (Oppitz, Michael and Hsu, Elisabeth, eds.), pp.23-45, Zürich: Völkerkundemuseum Zürich.

McKhann, Charles F. 2001. "The Good, the Bad and the Ugly: Observations on Tourism Development in Lijiang, China" *Tourism, Anthropology and China* (Tan, Chee-Beng et al.), pp.147-166, Bangkok: White Lotus Press.

Okrand, Marc. 1974. "Na-khi and Proto-Lolo-Burmese: A Preliminary Survey" *Linguistics of the Tibeto-Burman Area*, 1(1), pp.55-97.

Oppitz, Michael. 1998. "Ritual Drums of the Naxi in the Light of Their Origin Stories" *Naxi and Moso Ethnography* (Oppitz, Michael and Hsu, Elisabeth eds.), pp.311-342, Zürich: Völkerkundemuseum Zürich.

Oppitz, Michael and Hsu, Elisabeth. 1998. *Naxi and Moso Ethnography: Kin, Rites, Pictographs*. Zürich: Völkerkundemuseum Zürich.

Pan, Anshi. 1998. "The Translation of Naxi Religious Texts" *Naxi and Moso Ethnography* (Oppitz, Michael and Hsu, Elisabeth eds.), pp.275-309, Zürich: Völkerkundemuseum Zürich.

Pinson, Thomas M. 1998. *Naqxi-Habaq-Yiyu Geezheeq Ceeqhuil: Naxi-Chinese-English Glossary with English and Chinese Indexes*. Dallas: The Summer Institute of Linguistics.

Prunner, Gernot. 1967. "Die Schriften der nicht-chinesischen Völker Chinas" *Studium Generale*, 20(8), pp.480-520.

Prunner, Gernot. 1969. "The Kinship System of the Nakhi(SW-China) as Seen in Their Pictographic Script" Ethnos, 34, pp.100-106.

Prunner, Gernot. 1975. "Die Religionen der Minderheiten des südlichen China" *Die Religionen Südostasiens* (Höfer, András et al. eds.), pp.131-246, Stuttgart:

Verlag W. Kohlhammer.

Rees, Helen. 2000. *Echoes of History*. New York: Oxford University Press.

Rock, Joseph. F. 1924. "Banishing the Devil of Disease among the Nashi" *National Geographic Society Magazine*, 46(5), pp.473-499.

Rock, Joseph. F. 1930. "The Glories of Minya Konka" *National Geographic Society Magazine*, 58(4), pp.385-437.

Rock, Joseph. F. 1935. "The Story of the Flood in the Literature of the Mo-so (Na-khi) Tribe" *Journal of the West China Border Research Society*, 7, pp.64-82.

Rock, Joseph. F. 1936a. "The Origin of the Tso-la Books, or Books of Divination of the Na-khi or Mo-so Tribe" *Journal of the West China Border Reserch Society*, 8, pp.39-52.

Rock, Joseph. F. 1936b. "Hä-la or the Killing of the Soul as Practiced by Na-khi Sorcerers" *Journal of the West China Border Reserch Society*, 8, pp.53-58.

Rock, Joseph. F. 1937a. "The Birth and Origin of Dto-mba Shi-lo, the Founder of the Mo-so Shamanism, according to Mo-so Manuscripts" *Artibus Asiae*, 7, pp.5-85.

Rock, Joseph. F. 1937b. "Studies in Na-khi Literature" *Bulletin de l'École Française d'Extrême-Orient*, 37(1), pp.1-119.

Rock, Joseph. F. 1937c. "The Nichols Mo-so Manuscript of the American Geographical Society" *Geographical Review*, 27, pp.229-239.

Rock, Joseph. F. 1938. "The Zher-khin Tribe and their Religious Literature" *Monumenta Serica*, 3, pp.171-190.

Rock, Joseph. F. 1939. "The Romance of K'a-mä-gyu-mi-gkyi" *Bulletin de l'École Française d'Extrême-Orient*, 39, pp.1-152.

Rock, Joseph. F. 1947. *The Ancient Na-khi Kingdom of Southwest China*, Vol.I and II. Cambridge Massachusetts: Harvard University Press.

Rock, Joseph. F. 1948. "The Muan bpö Ceremony or the Sacrifice to Heaven as Practiced by the Na-khi" *Monumenta Serica*, 13, pp.1-160.

Rock, Joseph. F. 1952. *The Na-khi Nāga Cult and Related Ceremonies*, Part I and II. (Serie Orientale Roma 4). Roma: Istituto Italiano per il Medio ed Estremo Oriente.

Rock, Joseph. F. 1955a. "The Zhi mä Funeral Ceremony of the Na-khi of Southwest China" *Studia Instituti Anthropos*, 9, pp.1-251.

Rock, Joseph. F. 1955b. "The Na-khi D'a Nv Funeral Ceremony with special reference to the Origin of Na-khi weapons" *Anthropos*, 50, pp.1-31.

Rock, Joseph. F. 1959. "Contributions to the Shamanism of the Tibetan-Chinese Borderland" *Anthropos*, 54, pp.796-818.

Rock, Joseph. F. 1963a. *The Life and Culture of the Na-khi Tribe of the China-Tibet Borderland.* Wiesbaden: Steiner.

Rock, Joseph. F. 1963b. *A Na-khi English Encyclopedic Dictionary*, Part I. (Serie Orientale Roma 28). Roma: Istituto Italiano per il Medio ed Estremo Oriente.

Rock, Joseph. F. 1972. *A Na-khi English Encyclopedic Dictionary*, Part II. *Gods, Priests, Ceremonies, Stars, Geographical Names.* (Serie Orientale Roma 28). Roma: Istituto Italiano per il Medio ed Estremo Oriente.

Rock, Joseph. F. and Janert, Klaus Ludwig. 1965. *Na-khi Manuscripts*, Part I and II. (Verzeichnis der Orientalischen Handschriften in Deutschland 7). Wiesbaden: Steiner.

Shafer, Robert and Benedict, Paul K. 1939. *Sino-Tibetan Linguistics. Vol.12: Burmish- Loloish.* Berkeley: University of California (Unpublished typescript).

Weng, Naiqun. 1993. *The Mother House: The Symbolism and Practice of Gender among the Naze in Southwest China.* Ph.D. Thesis in Anthropology, University of Rochester.

White, Sydney D. 1993. *Medical Discourses, Naxi Identities, and the State: Transformations in Socialist China.* Ph.D. Thesis in Anthropology, University of California.

White, Sydney D. 1997. "Fame and Sacrifice: The Gendered Construction of Naxi Identities" *Modern China*, 23(3), pp.298-327.

Yang, Fuquan. 1988a. *Stories in Modern Naxi.* (Handbook of Naxi, Part 1). Bonn: Wissenschaftsverlag.

Yang, Fuquan.1988b. "Ts'ö2 be̠1-t'v1" *Stories in Modern Naxi*, pp.141-170, (Handbook of Naxi, Part 1). Bonn: Wissenschaftsverlag.

[中国語文献]（配列はピンイン表記のアルファベット順(数字を除く)）
'99中国麗江国際東巴文化芸術節組委会編 1999『'99中国麗江国際東巴文化芸術節学術会議・論文提要』麗江：'99中国麗江国際東巴文化芸術節組委会。
白庚勝 1998『東巴神話象徴論』（東巴文化叢書）昆明：雲南人民出版社。
白庚勝・和自興 2002『玉振金声探東巴—国際東巴文化芸術学術研討会論文集』北京：社会科学文献出版社。
白庚勝・楊福泉 1993『国際東巴文化研究集粹』（東巴文化叢書）昆明：雲南人民出版社。
卜金栄 1999『納西東巴文化要籍及伝承概覧』昆明：雲南民族出版社。
陳烈 2000『東巴祭天文化』（東巴文化叢書）昆明：雲南人民出版社。
陳士林・辺仕明・李秀清 1985『彝語簡誌』北京：民族出版社。
戴慶厦 1990「藏緬語族松緊元音研究」『藏緬語族語言研究』pp.1-31, 昆明：雲南民族出版社。
戴慶厦 1993「関於納西語的松緊元音問題—兼論彝緬語語音歴史演変的研究方法」『民族語文』1993-1, pp.27-31,36。
戴慶厦 1998「藏緬語族語音研究」（第1部分～第7部分）『二十世紀的中国少数民族語言研究』pp.2-69, 太原：書海出版社。
戴慶厦・黄布凡 1992『藏緬語族語言詞彙』北京：中央民族学院出版社。
戴慶厦・劉菊黄・傅愛蘭 1989「関于我国藏緬語族系属分類問題」『雲南民族学院学報』1989-3, pp.82-92。
董作賓 1940「読方編麽些文字典甲種」『中国文化研究所集刊』1(2), pp.227-237。
方国瑜・和志武 1981『納西象形文字譜』昆明：雲南人民出版社。
方国瑜・和志武 1992「納西族的淵源、遷徙和分布」『納西族研究論文集』（郭大烈編）pp.7-22, 北京：民族出版社。
傅懋勣 1940「維西麽些語研究」『中国文化研究所集刊』（華西協合大学）1(4), pp.404-421。
傅懋勣 1941「維西麽些語研究（続）」『中国文化研究所集刊』（華西協合大学）2, pp.72-135。
傅懋勣 1943「維西麽些語彙」『中国文化研究彙刊』（金陵斉魯華西三大学）3, pp.245-292。
傅懋勣 1948『麗江麽些象形文'古事記'研究』武昌：武昌華中大学。

傅懋勣 1981『納西族図画文字《白蝙蝠取経記》研究（上冊）』（アジア・アフリカ語の計数研究17）東京：東京外国語大学アジア・アフリカ言語文化研究所。

傅懋勣 1984a『納西族図画文字《白蝙蝠取経記》研究（下冊）』（アジア・アフリカ語の計数研究23）東京：東京外国語大学アジア・アフリカ言語文化研究所。

傅懋勣 1984b「民族語言調査研究講話（五）」『民族語文』1984-2, pp.32-38。

傅懋勣 1993a「納西族《祭風経—迎請洛神》研究」（傅懋勣遺稿・徐琳整理）『民族語文』1993-2, pp.1-12。

傅懋勣 1993b「納西族《祭風経—迎請洛神》研究（二）」（傅懋勣遺稿・徐琳整理）『民族語文』1993-3, pp.39-49。

傅懋勣 1993c「納西族《祭風経—迎請洛神》研究（三）」（傅懋勣遺稿・徐琳整理）『民族語文』1993-4, pp.32-42。

傅懋勣 1993d「納西族《祭風経—迎請洛神》研究（四）」（傅懋勣遺稿・徐琳整理）『民族語文』1993-5, pp.27-39, 60。

傅懋勣 1998『論民族語言調査研究』北京：語文出版社。

蓋興之 1994「藏緬語的松緊元音」『民族語文』1994-5, pp.49-53。

蓋興之・姜竹儀 1990「納西語在藏緬語言中的地位」『民族語文』1990-1, pp.63-73。

戈阿干 1992『東巴神系与東巴舞譜』（東巴文化叢書）昆明：雲南人民出版社。

戈阿干 1999『東巴骨卜文化』（東巴文化叢書）昆明：雲南人民出版社。

郭大烈 1986「納西族民歌格律」『少数民族詩歌格律』（中央民族学院少数民族文学芸術研究所文学研究室）pp.177-184, 北京：西藏人民出版社。

郭大烈・和志武 1994『納西族史』成都：四川民族出版社。

郭大烈・楊世光 1985『東巴文化論集』昆明：雲南人民出版社。

郭大烈・楊世光 1991『東巴文化論』昆明：雲南人民出版社。

国際納西学学会 2000『国際納西学学会通訊』1。

和即貴・和宝林 1999-2000「大祭風・創世紀」『納西東巴古籍訳注全集80』pp.1-65, 昆明：雲南人民出版社。

和即仁 1980「試論納西族的自称族名」『思想戦線』1980-4, pp.51-53。

和即仁・和志武 1988「納西族的社会歴史及其方言調査」『納西族社会歴史調査（三）』pp.118-193, 昆明：雲南民族出版社。

和即仁・姜竹儀 1985『納西語簡誌』北京：民族出版社。
和即貴・李英 1999-2000「除穢・古事記」『納西東巴古籍訳注全集39』pp.155-227, 昆明：雲南人民出版社。
和潔珍訳 2001『中華人民共和国民族区域自治法』昆明：雲南民族出版社。
和開祥・和宝林 n.d.『関死門経・人類遷徙記』麗江：世界宗教研究所・雲南省社会科学院東巴文化研究室（油印本）。
和開祥・李静生 1999-2000「民歌範本」『納西東巴古籍訳注全集100』pp.255-305, 昆明：雲南人民出版社。
和開祥・李例芬 1999-2000「関死門儀式・人類的起源」『納西東巴古籍訳注全集53』pp.97-154, 昆明：雲南人民出版社。
何密 1985「納西族詩歌中的増苴」『山茶』1985-2, pp.40-41, 57。
和士成・和発源 1999-2000a「超度死者・人類遷徙的来歴・上巻」『納西東巴古籍訳注全集56』pp.141-172, 昆明：雲南人民出版社。
和士成・和発源 1999-2000b「超度死者・人類遷徙的来歴・下巻」『納西東巴古籍訳注全集56』pp.173-205, 昆明：雲南人民出版社。
和士成・和力民 1999-2000「禳垛鬼儀式・人類起源和遷徙的来歴」『納西東巴古籍訳注全集24』pp.129-195, 昆明：雲南人民出版社。
和万宝 1985「序」『東巴文化論集』（郭大烈・楊世光編）pp.1-3, 昆明：雲南人民出版社。
和勇 1998『麗江旅游指南』昆明：雲南人民出版社。
和雲彩・和発源 1986「崇般崇笮」『納西東巴古籍訳注（一）』pp.150-279,（雲南省少数民族古籍訳叢7）昆明：雲南民族出版社。
和雲章・和品正 1999-2000「退送是非災禍・創世紀」『納西東巴古籍訳注全集35』pp.327-402, 昆明：雲南人民出版社。
和志武 1956「人類遷徙記」『民間文学』1956-7, pp.9-27。
和志武 1983「納西族東巴経語言試析」『語言研究』1983-1, pp.210-220。
和志武 1984「納西族古文字概況」『中国民族古文字研究』（中国民族古文字研究会）pp.296-312, 北京：中国社会科学出版社。
和志武 1986『COQ BBER TV（創世紀）』昆明：雲南民族出版社。
和志武 1987『納西語基礎語法』昆明：雲南民族出版社。
和志武 1989『納西東巴文化』（中国少数民族文庫）長春：吉林教育出版社。
和志武 1992『祭風儀式及木牌画譜』（東巴文化叢書）昆明：雲南人民出版社。

和志武 1993「創世神話《崇邦統》(人類遷徙記)」『中国原始宗教資料叢編』pp.320-329, 上海：上海人民出版社。

和志武 1994『東巴経典選訳』(東巴文化叢書) 昆明：雲南人民出版社。

和志武 1995『納西族民歌訳注』昆明：雲南人民出版社。

和志武 2000「創世神話《崇邦統》(人類遷徙記)」『中国各民族原始宗教資料集成：納西族巻・羌族巻・独龍族巻・傈僳族巻・怒族巻』pp.320-330, 北京：中国社会科学出版社。

和志武・銭安靖・蔡家麒 1993『中国原始宗教資料叢編』上海：上海人民出版社。

和志武・銭安靖・蔡家麒 2000『中国各民族原始宗教資料集成：納西族巻・羌族巻・独龍族巻・傈僳族巻・怒族巻』北京：中国社会科学出版社。

和鐘華・楊世光 1992『納西族文学史』成都：四川民族出版社。

姜竹儀 1980「納西語概況」『民族語文』1980-3, pp.59-73。

姜竹儀 1981「納西語的幾種構詞方式」『民族語文論集』(『民族語文』編輯部編) pp.390-404, 北京：中国社会科学出版社。

姜竹儀 1985「納西語西部方言音位系統中的幾個問題—兼答楊煥典同志」『民族語文』1985-2, pp.28-30,40。

姜竹儀 1992「納西文」『中国少数民族文字』(中国社会科学院民族研究所・国家民族事務委員会文化宣伝司主編) pp.214-218, 北京：中国藏学出版社。

姜竹儀 1994「積極推行納西文提高納西族文化」『民族語文』1994-3, pp.48-52。

李国文 1991『東巴文化与納西哲学』(東巴文化叢書) 昆明：雲南人民出版社。

李国文 1993『人神之媒—東巴祭司面面観』(東巴文化叢書), 昆明：雲南人民出版社。

麗江地区文化局・麗江納西族自治県人民政府 1995『納西族民間歌曲集成』昆明：雲南民族出版社。

麗江地区文化局・民委・群芸館 1988『納西族民間故事集成巻 第一集』麗江：出版社不明。

麗江地区文教局 1985『雲南納西族、普米族民間音楽』昆明：雲南人民出版社。

麗江納西族自治県教育局・民語委 1986『XIAXOQ KOLBEI YUWEIQ DIL 1 CEIF (納西文小学課本 語文 第一冊)』昆明：雲南民族出版社。

麗江納西族自治県民族宗教事務局 2000a「麗江県民間文化伝習館(点) 簡況」『麗江納西文報 (LILJAI NAQXI WEIQ BAL)』2000年6月8日号 (総第77

期) p.3。

麗江納西族自治県民族宗教事務局 2000b「納西語濁輔音中的純濁鼻濁分開挙例説明」『麗江納西文報(LILJAI NAQXI WEIQ BAL)』2000年6月8日号(総第77期) p.4。

麗江納西族自治県人民代表大会常務委員会 2001『雲南省麗江納西族自治県東巴文化保護条例』麗江:麗江東巴文化博物館。

麗江納西族自治県誌編纂委員会 2001『麗江納西族自治県誌』(中華人民共和国地方誌叢書) 昆明:雲南人民出版社。

李霖燦 1944『麽些象形文字字典』(専刊乙種之二) 四川南渓:国立中央博物院籌備処。

李霖燦 1945『麽些標音文字字典』(専刊乙種之三) 四川南渓:国立中央博物院籌備処。

李霖燦 1958「美国国会図書館所蔵的麽些経典——一個初歩的報告研究」『民族学研究所集刊』6, pp.131-165。

李霖燦 1972『麽些象形文字・標音文字字典』台北:文史哲出版社。

李霖燦 1976『麽些族的故事』(亜洲民俗・社会生活専刊第三輯) 台北:東方文化書局。

李霖燦 1984a『麽些研究論文集』台北:国立故宮博物院。

李霖燦 1984b「論麽些族「音字」之発生與漢文之関係」『麽些研究論文集』pp.51-60, 台北:国立故宮博物院。

李霖燦 1984c「麽些族文字的発生和演変」『麽些研究論文集』pp.61-83, 台北:国立故宮博物院。

李霖燦 1984d「麽些人之干支紀時」『麽些研究論文集』pp.113-125, 台北:国立故宮博物院。

李霖燦 1984e「美国国会図書館所蔵的麽些経典」『麽些研究論文集』pp.127-160, 台北:国立故宮博物院。

李霖燦 1984f「中甸県北地村的麽些族祭天典礼」『麽些研究論文集』pp.219-248, 台北:国立故宮博物院。

李霖燦 1984g「永寧麽些族的母系社会」『麽些研究論文集』pp.259-265, 台北:国立故宮博物院。

李霖燦 2001『納西族象形標音文字字典』昆明:雲南民族出版社。

李霖燦・和才 1978「麽些族的洪水故事」『麽些経典譯註九種』pp.21-87, 台北:

国立編譯館中華叢書編審委員会．

李霖燦・張琨・和才 1978『麼些経典譯註九種』台北：国立編譯館中華叢書編審委員会．

李錫 2002『麗江東巴文化博物館論文集』昆明：雲南人民出版社．

木仕華 1997a「納西東巴象形文字辞典説略」『辞書研究』1997-4, pp.117-122．

木仕華 1997b「論納西語動詞的使動範疇」『中国民族語言論叢（二）』（中央民族大学少数民族語言文学学院）pp.212-221, 昆明：雲南民族出版社．

木仕華 2002「論納西語動詞的体範疇」『中国民族語言文学研究論集（語言専集）』（戴慶厦主編）pp.98-114, 北京：民族出版社．

納西族簡誌編写組 1984『納西族簡誌』昆明：雲南人民出版社．

牛相奎・木麗春 1956「叢蕊劉偶和天上的公主（麗江納西族神話）」『雲南民族文学資料（第一輯）』pp.31-67, 昆明：雲南人民出版社．

四川省民族語文工作辦公室 1990『彝漢字典』成都：四川民族出版社．

孫堂茂（Thomas M. Pinson）2002「論納西語中語体助詞"teiq"和"neiq"」『玉振金声探東巴—国際東巴文化芸術学術研討会論文集』pp.565-575, 北京：社会科学文献出版社．

王世英 1991「従東巴文看原始宗教対文字発展的作用」『東巴文化論』pp.110-117, 昆明：雲南人民出版社．

聞宥 1940「麼些象形文的初歩研究」『民族学研究集刊』2, pp.97-124．

聞宥 1947「論摩些文写本之形式—兼論芮蘭図書館所蔵'摩些文解'」『中国文化研究彙刊』6, pp.125-136．

楊徳鋆 1985「東巴音楽述略」『東巴文化論集』pp.434-444, 昆明：雲南人民出版社．

楊福泉 1995『原始生命神与生命観』（東巴文化叢書）昆明：雲南人民出版社．

楊煥典 1983「納西語中的数量詞」『民族語文』1983-4, pp.61-67．

楊煥典 1984a「論納西語的音位系統」『アジア・アフリカ語の計数研究』22, pp.131-146, 東京外国語大学アジア・アフリカ言語文化研究所．

楊煥典 1984b「納西語形容詞的重畳形式」『語言研究』1984-2, pp.223-226．

楊煥典 1986「納西語異根動詞lɯ^{33}（来）和mbɯ^{33}（去）」『中国民族語言論文集』（傳懋勣主編）, pp.286-294, 成都：四川民族出版社．

楊煥典 1991「従納西語的緊松元音対立看漢藏語系語音発展軌跡」『民族語文』1991-1, pp.57-61．

楊世光 1983「納西族民間詩歌特点初探」『少数民族文学論集1』（中国少数民族文学学会編） pp.86-94, 北京：中国民間文芸出版社。

楊樹興・和雲彩 1986「魯般魯饒」『納西東巴古籍訳注（一）』（雲南省少数民族古籍整理出版規劃辦公室編） pp.1-149, 昆明：雲南民族出版社。

楊正文 1999『最後的原始崇拝—白地東巴文化』（東巴文化叢書）昆明：雲南人民出版社。

厳汝嫻・宋兆麟 1983『永寧納西族的母系制』昆明：雲南人民出版社。

余徳泉 2002「東巴文対聯研究」『玉振金声探東巴—国際東巴文化芸術学術研討会論文集』（白庚勝・和自興編）pp.784-810, 北京：社会科学文献出版社。

喩遂生 1998「納西東巴字多音節形声字音近度研究」『語言研究』1998増刊（音韻学研究専輯）pp.408-413。

喩遂生 1999「納西東巴字多音節形声字研究」『麗江教育学院学報』1999-2, pp.44-51。

喩遂生 2001「納西東巴文応用性文献的考察」『中国語言学報』10, pp.291-303。

喩遂生 2002「納西東巴文応用性文献的語言文字考察」『玉振金声探東巴—国際東巴文化芸術学術研討会論文集』pp.608-636, 北京：社会科学文献出版社。

約瑟夫・洛克著 劉宗岳訳 1999『中国西南古納西王国（訳校本）』昆明：雲南美術出版社。

雲南省地方誌編纂委員会 1998『雲南省誌 巻五十九 少数民族語言文字誌』昆明：雲南人民出版社。

雲南省麗江地区行政公署・雲南省麗江地区地方誌辦公室 1997『麗江年鑑』昆明：雲南民族出版社。

雲南省民族民間文学麗江調査隊 1959『納西族文学史（初稿）』昆明：雲南人民出版社。

雲南省民族民間文学麗江調査隊 1960（1978年第二版）『創世紀 納西族民間史詩』昆明：雲南人民出版社。

雲南省少数民族古籍整理出版規劃辦公室 1986『納西東巴古籍訳注（一）』（雲南省少数民族古籍訳叢7）昆明：雲南民族出版社。

雲南省少数民族古籍整理出版規劃辦公室 1987『納西東巴古籍訳注（二）』（雲南省少数民族古籍訳叢15）昆明：雲南民族出版社。

雲南省少数民族古籍整理出版規劃辦公室 1989『納西東巴古籍訳注（三）』（雲南省少数民族古籍訳叢26）昆明：雲南民族出版社。

雲南省社会科学院東巴文化研究所 1999-2000『納西東巴古籍訳注全集（1-100）』昆明：雲南人民出版社。

藏緬語語音和詞彙編写組 1991『藏緬語語音和詞彙』北京：中国社会科学出版社。

詹承緒・王承権・李近春・劉龍初 1980『永寧納西族的阿注婚姻和母系家庭』上海：上海人民出版社。

章忠雲 2001「廸慶藏区双語現象調査」『民族学2000』（雲南社会科学院民族学研究所編），pp.257-286, 北京：民族出版社。

趙慶蓮編訳 2000『江沢民"三個代表"重要思想』昆明：雲南民族出版社。

趙興文・和民達・和元慶 1987『納西民歌選（納西文、漢文対照）』昆明：雲南民族出版社。

趙銀棠 1984『玉龍旧話新編』昆明：雲南人民出版社。

中共麗江地委宣伝部 1984『納西族民間故事選』（中国少数民族民間文学叢書・故事大系）上海：上海文芸出版社。

中華人民共和国国家統計局 2002『中国統計年鑑2002』北京：中国統計出版社。

周家模 1999（2001年再版）『納西東巴文書法芸術』昆明：雲南人民出版社。

周凱模 2000「本土文化伝習個案簡介」『雲南民族音楽論』pp.403-412, 昆明：雲南大学出版社。

朱炳祥 2002「論東巴文与納西語之関係」『玉振金声探東巴—国際東巴文化芸術学術研討会論文集』pp.595-607, 北京：社会科学文献出版社。

[日本語文献]（配列はヘボン式ローマ字のアルファベット順）

荒屋豊 1990a「納西（ナシ）語音韻系統論序説」『比較民俗研究』（筑波大学比較民俗研究会）1, pp.131-155。

荒屋豊 1990b「東巴文化源流考ノート」『比較民俗研究』（筑波大学比較民俗研究会）2, pp.163-175。

荒屋豊 1992「麗江納西族SANDO伝説の構造」『比較民俗研究』（筑波大学比較民俗研究会）5, pp.112-124。

荒屋豊 1996「文字の実践者の誕生—ナシ族トンパの『死者の書』の言語行為①」『比較民俗研究』（筑波大学比較民俗研究会）13, pp.1-16。

荒屋豊 1999「身ぶりとしてのエクリチュール」『古代文学』38, pp.56-67。

荒屋豊 2000a「「翻訳者」のポジション／シャーマンのポジション—雲南省寧朗県拉伯村モソ社会・治病儀礼のフィールドから」『杏林大学外国語学部紀要』12, pp.89-106。

荒屋豊 2000b「西南中国ナシ族・モソ族の憑きもの信仰の諸相」『比較日本文化研究』（待兼山比較日本文化研究会）6, pp.79-97。

生明慶二 1988「『伝承機能音階』論序説—西南中国における『伝承機能音階』の成立と変容、雲南納西族を中心として」『漢民族を取り巻く世界』（調査研究報告25）pp.29-104, 東京：学習院大学東洋文化研究所。

橋本萬太郎 1978『言語類型地理論』東京：弘文堂。

橋本萬太郎 1988『納西語料—故橋本萬太郎教授による調査資料』（アジア・アフリカ基礎語彙集18）東京：東京外国語大学アジア・アフリカ言語文化研究所。

伊藤清司 1976「神話と民話—中国雲南省ナシ族の伝承と『古事記』」『伝統と現代』38, pp.16-25。

伊藤清司 1977a「「系譜型」神話の諸相—日本と中国の神話の比較」『講座 日本文学 神話（下）』（稲岡耕二・大林太良編）pp.20-54, 東京：至文堂。

伊藤清司 1977b「口誦の神話から筆録された神話へ—語部と中国雲南省モソ族の多巴（トンパ）」『日本書紀・風土記』（鑑賞日本古典文学2）（直木孝次郎・西宮一民・岡田精司編）pp.438-448, 東京：角川書店。

伊藤清司 1977c「日本神話と中国神話—その比較研究上の視点」『日本神話の比較研究』（講座 日本の神話11）pp.29-54, 東京：有精堂。

伊藤清司 1979『日本神話と中国神話』東京：学生社。
伊藤清司 1980「眼のシンボリズム—西南中国少数民族の創世神話の一研究」『中国大陸古文化研究』9/10合併集, pp.81-90。
郭大烈 1999「納西族の概況—納西族理解のために」『西南中国納西族・彝族の民俗文化—民俗宗教の比較研究』pp.18-31, 東京：勉誠出版。
君島久子 1978「納西（麼些）族の伝承とその資料—「人類遷徙記」を中心として」『中国大陸古文化研究』8, pp.4-16。
黒澤直道 1997「ナシ語」『月刊言語』26-4。
黒澤直道 2001「ナシ（納西）語「緊喉母音論争」の意義」『アジア・アフリカ言語文化研究』61, pp.241-250, 東京外国語大学アジア・アフリカ言語文化研究所。
黒澤直道 2003「雲南省社会科学院東巴文化研究所編訳『納西東巴古籍訳注全集』全100巻」『東洋学報』85-3, pp.95-103。
村井信幸 1983「納西族の種族史的研究—土司の系譜を中心として」『東南アジア—歴史と文化』12, pp.27-60。
村井信幸 1989「西南中国少数民族の創世神話—ナシ族の「人類遷徙記」を中心として」『日本民間伝承の源流—日本基層文化の探求』（君島久子編）pp.330-355, 東京：小学館。
村井信幸 1990a「ナシ族研究ノート—J.F.Rock氏の研究業績を中心として」『東南アジア—歴史と文化』19, pp.43-62。
村井信幸 1990b「麗江納西族の社会文化研究」『中国研究月報』509, pp.24-29。
村井信幸 1991「納西族の種族形成に関する一考察」『紀尾井史学』10, pp.26-35。
村井信幸 1992「ナシ族の東巴経典研究」『湘南短期大学紀要』3, pp.191-201。
村井信幸 1994「永寧土司の政治支配組織」『東洋研究』（大東文化大学東洋研究所）113, pp.1-23。
村井信幸 1995「ナシ族の葬送儀礼と他界観」『アジア人のみた霊魂の行方』（梶村昇編）pp.145-170, 東京：大東出版。
村井信幸 1996「永寧土司支配領域における社会制度」『東洋研究』（大東文化大学東洋研究所）118, pp.25-47。
村井信幸 1997「西南中国のナシ族の神話に現れる竜」『東洋研究』（大東文化大学東洋研究所）123, pp.35-56。
村井信幸 1998「ナシ族の神話、伝承に現れる鶏の役割について」『東洋研究』

（大東文化大学東洋研究所）128, pp.57-82。

村井信幸 1999「摩梭人（永寧納西族）の山神崇拝について」『東洋研究』（大東文化大学東洋研究所）134, pp.67-95。

村井信幸 2001「摩梭人（永寧納西族）の祖先祭祀」『東洋研究』（大東文化大学東洋研究所）139, pp.1-25。

中尾佐助 1972「雲南周辺の植物探検概史」『探検と冒険2』pp.269-283, 東京：朝日新聞社。

西田龍雄 1966『生きている象形文字』（中公新書112）東京：中央公論社。

西田龍雄 1989a「ナシ語」『言語学大辞典 第2巻 世界言語編（中）』pp.1444-1451, 東京：三省堂書店。

西田龍雄 1989b「チベット・ビルマ語派」『言語学大辞典 第2巻 世界言語編（中）』pp.791-822, 東京：三省堂書店。

西田龍雄 2001a『生きている象形文字』（シリーズ文明と人間）東京：五月書房。

西田龍雄 2001b「ナシ象形文字」『言語学大辞典 別巻 世界文字辞典』pp.684-692, 東京：三省堂書店。

西田龍雄 2001c「マリマサ文字（瑪麗瑪沙文字）」『言語学大辞典 別巻 世界文字辞典』pp.946-947, 東京：三省堂書店。

西田龍雄 2001d「ラルコ文字（阮可文字）」『言語学大辞典 別巻 世界文字辞典』p.1110, 東京：三省堂書店。

ラムゼイ, S.R.著 高田時雄ほか訳 1990『中国の諸言語―歴史と現況』東京：大修館書店。

レシェトフ, A.M.著 斎藤達次郎訳 1965「ナシ（モソ）族の母系組織」『中国大陸古文化研究』1, pp.65-72。

佐野賢治 1995a「はじめに―調査経過」（麗江納西族民俗調査中間報告I）『比較民俗研究』（筑波大学比較民俗研究会）11, pp.19-22。

佐野賢治 1995b「白地の東巴文化―麗江納西族予備調査の一光景」（麗江納西族民俗調査中間報告I）『比較民俗研究』（筑波大学比較民俗研究会）11, pp.23-26。

佐野賢治 1996a「麗江の納西族―東巴文化からみる生活と文化」『季刊民族学』75, pp.90-101。

佐野賢治 1996b「はじめに―調査経過」（麗江納西族・美姑彝族民俗調査報告

II)『比較民俗研究』(筑波大学比較民俗研究会) 13, pp. 43-47。

佐野賢治 1997「はじめに―調査経過」(中国西南民族調査中間報告III)『比較民俗研究』(筑波大学比較民俗研究会) 15, pp.108-110。

佐野賢治 1998「比較民俗研究の一視角―固有信仰論から民族宗教論へ」『日中文化研究』12, pp.56-66。

佐野賢治編 1999『西南中国納西族・彝族の民俗文化―民俗宗教の比較研究』東京：勉誠出版。

佐野賢治 2000「ナシ族」『月刊しにか』11(6), pp.64-65。

斎藤達次郎 1976「西南中国少数民族の聖数」『民族学研究』41(2), pp.169-174。

斎藤達次郎 1978「Na-khi族の葬制」『中国大陸古文化研究』 8 , pp.33-45。

斎藤達次郎 1986a「ナシ族の宗教と創世神話」『人文科学論集』(名古屋経済大学・市邨学園短期大学人文科学研究会) 自然と人間 (特集号) pp.97-110。

斎藤達次郎 1986b「ナシ族の親族組織」『人文科学論集』(名古屋経済大学・市邨学園短期大学人文科学研究会) 38, pp.49-59。

斎藤達次郎 1987a「ナシ族の世界観と雲南少数民族の文化」『人文科学論集』(名古屋経済大学・市邨学園短期大学人文科学研究会) 40, pp.89-108。

斎藤達次郎 1987b「ナシ族の龍説話」『人文科学論集』(名古屋経済大学・市邨学園短期大学人文科学研究会) 41, pp.41-52。

斎藤達次郎 1988「ナシ族の龍説話とトンバ教開祖」『比較文化研究』(比較文化研究会) 7, pp.3-12。

斎藤達次郎 1990「ナシ族の象形文字経典による善悪観」『比較思想研究』17, pp.151-154。

斎藤達次郎 1993「ナシ族の言語人類学」『比較文化研究』(比較文化研究会) 12, pp.41-58。

斎藤達次郎 1995「ナシ族の洪水神話とモンゴル叙事詩」『比較文化研究』(比較文化研究会) 15, pp.53-64。

斎藤達次郎 1999「西南中国少数民族の洪水説話と罪」『環太平洋研究』 2 , pp.1-14。

斎藤達次郎 2000「ナシ族と柳田国男の昔話における救済の世界観」『環太平洋研究』 3 , pp.1-21。

桑徳諾瓦 1992「東巴歌舞と葬儀古俗―宝山教派を中心に」『比較民俗研究』(筑波大学比較民俗研究会) 6 , pp.110-130。

周汝誠整理 諏訪哲郎・渡辺真樹訳 1986「崇搬図」『雲南省納西族Ⅱ』(東ユーラシア文化Vol.2) pp.38-80, 東京：学習院大学東ユーラシア文化研究会。

諏訪哲郎 1983「雲南省ナシ（納西族）の象形文字・音標文字先後論争」『文化接触の諸相』(調査研究報告17) pp.29-55, 東京：学習院大学東洋文化研究所。

諏訪哲郎編 1983-1986『東ユーラシア文化』(Vol.1-2) 東京：学習院大学東ユーラシア文化研究会。

諏訪哲郎 1986「英語―日本語―ナシ語小辞典（象形文字入り）」『雲南省納西族Ⅱ』(東ユーラシア文化Vol.2) pp.81-136, 東京：学習院大学東ユーラシア文化研究会。

諏訪哲郎 1988『西南中国納西族の農耕民性と牧畜民性―神話と言語から見た納西族の原像』(学習院大学研究叢書16) 東京：学習院大学。

ヤフォントフ著 斎藤達次郎訳 1982「中国南部の少数民族の言語分類（上）」『人文科学論集』(名古屋経済大学・市邨学園短期大学人文科学研究会) 32, pp.207-221。

ヤフォントフ著 斎藤達次郎訳 1983「中国南部の少数民族の言語分類（下）」『人文科学論集』(名古屋経済大学・市邨学園短期大学人文科学研究会) 33, pp.63-74。

山田勝美 1977『生きていた絵文字の世界』(玉川選書54) 東京：玉川大学出版部。

山村高淑 2002『開発途上国における地域開発手法としての文化観光に関する研究―中国雲南省麗江ナシ族自治県を事例として』東京大学大学院工学系研究科博士論文。

あとがき

　本書は、2003年3月、東京外国語大学大学院地域文化研究科に提出した博士論文、『中国少数民族口頭伝承の研究 ― ナシ（納西）語音声言語の検討による「トンバ（東巴）文化」の再検討』を、一部改訂したものである。本書では、同論文において中心的な位置を占めた、ナシ族宗教経典の音声言語に対する検討を論述の中心に据えて再構成し、ナシ語のテクストについても再度確認を行って一部の誤りを修正した。また、ナシ語の表記法については、より一般的なものに改めた部分がある（有声閉鎖音と鼻音が前出する有声閉鎖音の区別を統合したことなど）。

　本書を作成する過程においては、実に多くの方々のご指導やご協力をいただいた。1997年、筆者が雲南でのフィールドワークを始めた当初には、当時、雲南民族博物館の副館長でいらした尹紹亭先生から、同博物館に所属する"訪問学者"の身分を用意していただき、同時に同博物館の木基元先生、張雲嶺先生のお二方には指導教官になっていただいた。麗江出身のナシ族である両先生には、その後も公私にわたり多くのご指導をいただいている。また、当時、雲南民族学院の民族研究所にいらした金少萍先生には、生活面を含めた様々な面でお世話になったほか、同学院の大学院生だったナシ族の鮑江氏を紹介していただき、鮑江氏にナシ語を教えていただいたことも懐かしい思い出である。

　そして、筆者が麗江で長期滞在する拠点とした、大研鎮七一街の国際麗江合作発展研究中心（その後、別組織に統合された）の5人の職員の方々に、ナシ語の学習、農村部への現地調査、その他日々の生活に至るまで、家族同様にしていただいたことは忘れることができない。また、農村部でのフィールドワークで特にお世話になったのは、本書所収テクストのインフォーマントでもある中甸県三壩郷の和志本氏である。そして、テクストの書き起こしと翻訳作業においては、麗江の東巴文化研究所で地道な研究を続けておられる和力民先生にご協力いただいた。

　日本では、最終的な指導教官になっていただいたクリスチャン・ダニエルス

先生から懇切丁寧なご指導をいただくことができた。また、名古屋経済大学でナシ族を専門に研究されている斎藤達次郎先生からも、筆者が雲南へ行く当初から様々なご助言をいただいている。

　以上の方々には、ここに記して厚く感謝申し上げたい。そして、ナシ語の指導に始まり、酒を酌み交わしながら夜遅くまで続くナシ文化談義に至るまで、研究と生活の双方にわたってお世話になった、雲南や麗江で出会った多くのナシ族の方々に、深く感謝を申し上げたい。

　なお、本書は独立行政法人日本学術振興会平成十八年度科学研究費補助金（研究成果公開促進費・学術図書）の交付を受けて刊行されたことに感謝し、付記させていただく。

【著者略歴】

黒澤　直道（くろさわ　なおみち）

1970年宮城県生まれ。東京外国語大学外国語学部中国語学科卒業。同大学大学院地域文化研究科博士後期課程修了。博士(学術)。日本学術振興会特別研究員(PD)を経て、現在、國學院大学文学部外国語文化学科助教授。大学院在学中、雲南民族博物館客員研究員などの身分で、雲南省麗江を中心とするナシ族居住地に3年間滞在。現地での自炊生活を通してナシ語を学ぶ。主な論著に、『ツォゼルグの物語　トンバが語る雲南ナシ族の洪水神話』(雄山閣)、「ナシ(納西)語緊喉母音論争の意義」(『アジア・アフリカ言語文化研究』61)、「雲南省麗江におけるナシ(納西)語教育の現状」(『國學院雑誌』106(8))ほかがある。

2007年2月20日　初版発行　　　　　　　　　　　　《検印省略》

ナシ(納西)族宗教経典音声言語の研究──口頭伝承としての「トンバ(東巴)経典」──

著　者　　黒澤　直道
発行者　　宮田哲男
発行所　　株式会社　雄山閣
　　　　　〒102-0071　東京都千代田区富士見2-6-9
　　　　　ＴＥＬ　03-3262-3231(代)／ＦＡＸ　03-3262-6938
　　　　　ＵＲＬ　http://www.yuzankaku.co.jp
　　　　　E-mail　info@yuzankaku.co.jp
　　　　　振替：00130-5-1685
印　刷　　研究社印刷株式会社
製　本　　協栄製本株式会社

© Naomichi Kurosawa　　　　　　　　　　　　Printed in Japan 2007
ISBN978-4-639-01962-6 C3087